흥하는 말씨
망하는 말투
1

성공하는 사람들의
언어습관 따라하기

흥하는 말씨
망하는 말투

1

이상헌 지음

머리말

세상만사 말대로 이뤄진다. 말만 바꾸면 인생이 변한다. 『알리바바와 40인의 도둑』에서 비밀의 문을 여는 열쇠는 바로 "열려라 참깨!"다. 수십 명의 장정이 밀고 당겨도 끄떡하지 않는 육중한 바위 문도 "열려라 참깨!" 한마디에 스르르 열린다.

나는 어려서부터 스물다섯 가지 병을 앓았기 때문에 그 마음의 고통이 이루 말할 수 없었다. 그때 공포를 잊기 위해 선택한 것이 책을 읽는 일이다. 14년간 이렇게 읽은 책이 자그마치 1만여 권. 그런데 지금 그 책 이름은 기억나지 않지만, 대략 다음과 같은 구절이 나를 병마로부터 구출했다.

창조주는 인간을 자기와 같은 형상으로 만들었다. 그래서 인간에게는 창조주의 DNA가 들어 있고 그래서 모든 것을 이룰 수 있다는 내용이다.

이때부터 모든 일에 '기뻐하고 감사하며 기도하는 삶'이 시작되었다. 긍정언어는 생명언어요 부정언어는 사망언어다. 100퍼센트 긍정언어를 사용하면 원하는 것이 반드시 이뤄지기 시작하는 것이다.

『흥하는 말씨 망하는 말투 1』은 50여 년간 내가 생생하게 체험한 내용들이다.

1970년대는 라디오 전성시대였는데 그 당시 최고의 예능 프로가 KBS의 〈재치문답〉이다. 한국남, 안의섭, 엄익채, 이연숙 등의 쟁쟁한 입담가들이 재치를 겨루는 프로로 지금 생각해도 대단한 프로였다. 나는 사람들에게 "〈재치문답〉에 곧 출연할 거다"라고 말했는데 정말 말을 한 대로 되었다. 허참 씨가 진행했던 〈가족오락관〉도 누가 "출연 안 하세요" 하는 질문에 "곧 합니다"라고 대답했는데 얼마 안 있어 담당 PD로부터 출연 의뢰가 왔다. 하루에 다섯 군데 출연하는 경우도 있었다. 내가 특별한 능력이 있는 것이 아니라, 된다고 말하니까 되는 것이다.

나는 23년째 〈기쁨세상〉이라는 모임을 이끌어오고 있다. 매달 정기적으로 모여서 기쁘게 사는 프로그램을 전수하는데 매년 정월에는 한해의 소망 열 가지씩을 적게 하고 12월에 결과를 공개하는

데 대부분 100퍼센트 성취된다.

이연근 회원은 자기 집 문패를 〈행복이 꽃피는 집〉이라고 만들었다. 이때부터 권태기도 없어지고 온 가족에게 행복이 넘치는 일들이 벌어지게 되었다. 가정에서 하는 말이 가운을 만들고 회사원들이 하는 말은 사운을 만들며 국민들이 하는 말은 국운을 만든다. 우리는 하루 5만 마디 말을 하면서 살아가고 있다. 과연 어떤 말을 사용하고 있는가를 항상 점검해야 한다.

말에는 메아리의 법칙이 작용한다. 내가 하는 말은 나에게 가장 많은 영향을 미친다. 한번은 히트곡이 그 가수의 운명에 어떤 영향을 미치는가를 조사했다. 노래가 말에다 곡조를 붙인 것이고 보면 틀림없이 어떤 결과가 나올 것이라고 생각한 것이다. 이 조사 결과, 요절한 가수의 90퍼센트가 자신의 히트곡과 같은 운명을 만들었다는 것을 찾아냈다.

'님'자에 점 하나를 찍으면 '남'이 되는 세상이다. 반찬만 골라 먹지 말고 말도 골라서 하자. 틀림없이 기적의 주인공이 될 것을 확신한다.

2019년 5월 이상헌

차례

머리말 • 5

1장 말을 바꾸면 인생이 변한다

말을 바꾸면 운명이 변한다 • 15
말은 수놓은 비단과 같다 • 18
재치 있는 이발사의 말솜씨 • 21
반말은 반발을 부른다 • 24
미안해요, 고마워요, 사랑해요 • 29
말씨 • 32
망했다 망했다 하면 진짜 망한다 • 37
일을 즐기면 돈은 따라온다 • 40
정성을 다하면 기적이 나타난다 • 43
남이 잘되는 것이 내가 잘되는 일 • 50
자신에게 말하면 놀라운 효과가 나타난다 • 53
'감사합니다'란 말이 기적을 만든다 • 57
꿈을 이루게 하는 주문 • 64
강도에게 술 얻어먹은 이야기 • 68
첫인상 좋게 만들기 • 76
참아야 하느니라 • 79
바람둥이 남편 이야기 • 83
잘될 거야, 샘 • 86
당신도 10억 원의 주인이 될 수 있다 • 89

2장 행복을 말하면 행복해진다

술 먹고 면접하기 • 95

일등 반 꼴찌 반 • 99

늦었다고 할 때가 가장 이른 때 • 102

당신은 오직 하나뿐인 소중한 존재 • 106

식품도 말을 알아듣는다 • 110

미래를 지향하는 사람은 행복하다 • 114

행복 바이러스 • 117

행복을 말하면 행복해진다 • 121

화음훈련이 된 후의 삶 • 124

입원을 축하합니다 • 128

독서는 꿈을 이루게 한다 • 132

결혼은 80년 전쟁의 출발이다 • 139

음식 투정하는 사람은 반드시 망한다 • 144

행복하다고 말하라 • 149

식물도 말을 한다 • 155

물 한 방울의 힘 • 158

안부 • 161

마음 지우기 • 164

가계도 이야기 • 168

행복의 씨를 뿌리면 행복의 꽃이 피어난다 • 173

3장 덕담은 돈보다 더 귀하다

흉 잘 보는 사람에게 흉한 일이 생겨난다 • 179

될 이유 안 될 이유 • 183

간판 이야기 • 187

말에는 무에서 유를 만드는 창조력이 있다 • 191

해봤어? • 195

웃음으로 승부하라 • 200

험담은 세 사람을 죽인다 • 203

위하는 사람이 위함을 받는다 • 206

행운을 안겨주는 옷이 따로 있다 • 210

듣고 싶어 하는 말을 제공하라 • 217

우리 것은 좋은 것이여 • 221

날마다 15분씩 행복에 대한 책을 소리 내어 읽어라 • 224

부드럽고 따뜻하게 말하라 • 227

좋은 글을 읽으면 좋은 파동의 주인공이 된다 • 230

프로가 되려면 프로처럼 행동하라 • 233

기도를 하지 말고 말을 기도처럼 하라 • 237

어떤 말이나 만 번을 반복하면 반드시 이뤄진다 • 240

가난한 부자와 돈 많은 거지 • 243

암도 친구가 되면 해를 입히지 않는다 • 246

내가 잘못했다 • 252

덕담은 돈보다 더 귀하다 • 255

4장 성공하는 사람의 언어습관

마음의 상처 치료하기 • 261

말에서는 강력한 에너지가 분출된다 • 263

함부로 심판하는 바보가 되지 말라 • 265

낮고자 하는 자는 높아진다 • 266

우리나라에서 노벨상을 탈 사람이 등장했다 • 271

기쁨에 온몸을 맡겨라 • 274

시간을 열 배로 활용하는 법 • 276

힘들면 견딜 만하다고 말하라 • 282

시간과 정열의 투자를 사람에게 • 285

기도로 그리는 그림 • 289

장례식은 축제다 • 292

성공하는 사람의 언어습관 • 295

역할이 변하면 운명도 변한다 • 298

지혜로운 사람과 어리석은 사람의 말 습관 • 301

첫인상이 좋으면 끝까지 좋다 • 304

자신 있게 말하면 자신감이 생긴다 • 309

말 한마디 속에 과거, 현재, 미래가 들어 있다 • 312

기합소리를 내고 시작하라 • 315

공부는 오락이다 • 319

책 한 권의 힘 • 323

살아 있는 그날까지 • 330

말에도 씨가 있어 '말씨'라고 한다.

그 사람이 쓰는 말씨를 보면

그의 미래를 알 수 있다.

성공한 사람들은 긍정언어를 쓴다.

어제 뿌린 말의 씨앗이 오늘의 나를 만들고

오늘 뿌린 말의 씨앗이 내일의 나를 만든다.

말을 바꾸면 인생이 변한다

말을 바꾸면
운명이 변한다

　한자로 말씀 언言변에다 이룰 성成자를 합치면 정성 성誠자가 되는 데 '말대로 이뤄지므로 말을 정성스럽게 하라'는 뜻이다. 사람은 하루에 5만 마디의 말을 한다. 그런데 정성스럽거나 소망스러운 말은 10퍼센트 안팎이라고 한다.
　그 외에는 대부분 잡스러운 얘기, 부정적이거나 비난하는 말 일색이다. 말에는 파동이 있어 내가 한 말은 제일 먼저 자신에게 영향을 주고 주위에도 영향을 미친다.
　요즘 청소년들의 말은 욕이 아니면 잘 전달되지 않는다. 그러나 정작 본인들은 그것이 욕이라고 생각조차 하지 못한다. 국회의원들의 언어나 방송에 출연한 연예인들의 말도 잡스럽기는 마찬가지여서 호기심으로 따라하다 보니 그대로 복제되었을 수도 있다.

지하철에서 벌어진 어린 학생과 노인 간의 싸움이 종종 뉴스에 오르내린다. 그러나 누구 하나 따끔하게 충고하는 사람도 없다. 공연히 시비에 말려들까봐 두려운 것이다.

말하는 것을 보면 그 사람의 인격을 읽을 수 있다. 인격이란 사람의 품격이다. 저질스러운 말은 저품격이고, 고급스러운 말은 고품격이다. 저질의 언어가 판을 치면 저질 국가로 전락하는 것은 당연한 일이다.

말을 바꾸면 인격이 변한다. 말을 바꾸면 운명도 변한다. 말은 그 사람의 운명을 운전하는 운전대이다. 긍정적인 언어를 쓰는 사람은 어디서나 일이 잘 풀리고, 부정적인 언어를 사용하는 사람은 되는 일이 없다.

나를 찾아온 한 청년은 10년 동안 취업이 되지 않았는데, 그의 별명이 백수이길래 "왜 백수라고 하느냐?"고 물었더니 이렇게 대답했다.

"저는 원래 백수예요."

그렇지만 사람은 누구나 태어날 때부터 백수는 아니다. 백수, 백수 하다 보니까 백수가 된 것이다. 바로 그날, 말을 행운으로 바꿔줬는데 얼마 안 돼서 취업이 되었다고 찾아왔다.

우리는 별생각 없이 "속상해 죽겠다"라는 말을 너무 자주 한다.

속이 상한다는 것을 강조하기 위해서 죽겠다는 말을 이어 붙이는 것이다. "배가 고파 죽겠다. 짜증나 죽겠다"는 말이 이해는 되지만, "좋아 죽겠다. 재미있어 죽겠다"라는 말도 있다는 사실을 잊지 말자. 우리나라가 OECD 자살률 1위라는 것과 '죽겠다'는 말의 상관관계도 연구해볼 과제 중의 하나다. 강조하기 위해서 하는 말이지만, 다른 어휘와 바꾸는 것이 좋겠다는 생각이 든다.

한번은 어떤 남자가 와서 하소연을 했다. 목재업을 하는 사람이라며 자신을 소개했다. 결혼한 뒤 며칠이 안 되어 목재 하역작업 때문에 부산에 내려가게 되었는데 부인이 물었단다.

"부산에는 왜 가세요?"

남자는 농담 삼아 이렇게 말했다.

"당신 관을 사러 간다."

그러고는 부산을 잘 다녀와서 집에 갔더니 아내가 침대에서 자고 있었다. 일어나라고 흔들어 깨워 보니 자는 것이 아니라 자는 듯 죽어 있더라는 것이다.

사람들은 부부 싸움을 할 때도 "너 죽고, 나 죽자" 하고, 재미있는 드라마를 보면서도 "죽인다. 죽여!"라는 말을 보통으로 한다. 자식이 속을 썩이면 "내가 죽어라"는 부모도 있다. 이쯤 되면 목숨이 열 개라도 부족하다. 제발 사전에서 이런 끔찍한 단어는 삭제했으면 한다.

말은 수놓은 비단과 같다

죽는 소리를 하는 사람은 틀림없이 망하고, 남을 원망하는 사람과 저주하는 사람은 자기 다리를 걸고 쓰러진다. 성경에서는 왜 범사에 감사하라고 했을까? 왜 항상 기뻐하라고 했을까? 쉬지 말고 기도하라는 이유는 무엇일까?

이런 물음의 해답을 찾기 위해 어떤 교회에서는 감사팀, 기쁨팀, 기도팀을 만들어 백일씩 시간을 정해놓고 감사하고 기뻐하면서 기도하게 한 결과 놀라운 기적들이 나타났다. 백일기도가 기적을 만든 예는 얼마든지 있다. 많은 사람들은 급한 상황이 벌어지면 그때서야 기도를 한다. 기도의 에너지는 하루하루 쌓여서 이루어지는 것이기 때문에 평상시에 내공을 기르지 않는 한 결과를 기대하기 힘들다. 밥 한 숟가락으로 배가 부를 수 없는 것과 같은 이치라고

나 할까. 그래서 쉬지 말고 기도하라고 한 것이다. 화초가 시들어 버린 다음에 물을 주면 이미 늦듯이 모든 문제도 다를 것이 없다.

창조주는 세상을 지으실 때 말씀으로 만들었다. 말에는 무한한 힘이 내재되어 있는 것이다. 창조주의 유전인자를 가진 우리도 그분을 따라 하면 그분과 같은 능력을 가질 수 있는데도 밥과 국이 따로 나오는 '따로 국밥'처럼 말과 행동이 일치하지 않아 값진 능력을 쓸모없는 폐기물로 전락시키는 것이다.

적극적인 언어, 긍정적인 언어를 사용하는 것은 생각처럼 그렇게 어려운 것도 아니다. 요즘은 다채널 시대여서 별별 방송이 다 나온다. 청소년들에게 유해한 방송에는 '19세 이하 시청 금지'라고 표시가 되어 있다. 그러나 그보다 월등히 좋지 않은 영향을 주는 프로가 많은데도 여과 없이 방송하고 신문기사로도 등장한다.

사람은 생각하는 동물이다. 생각은 교육과 주위환경 그리고 깨달음으로 형성이 되기 때문에 맹모삼천지교孟母三遷之敎도 생겨났다. 음식은 골라 먹으면서도 정서를 해치고 의식을 왜곡시키는 뉴스는 통제할 수가 없다. 이처럼 보고 듣는 것은 사람들의 모든 의식에 영향을 미친다는 사실을 알아야겠다. 나쁜 뉴스는 나쁜 친구처럼 사람을 오염시키기 쉽기 때문이다. 부정적인 뉴스에 익숙해지다 보면 아침마다 사건과 사고를 기다리는 습관이 만들어지고 웬만한 사고에는 눈도 깜빡하지 않는다.

『플루타르크 영웅전』에는 '말이라는 것은 수놓은 비단과 같아서 펼치면 모든 무늬가 나타나지만 접으면 무늬가 감추어지는 것과 동시에 소용없게 되는 것'이라고 강조하고 있다. 아울러 '말은 짧으면서도 의미심장하게 쓰도록 훈련하기 위해 한참 동안 조용히 있다가 요소를 찌르는 말을 해야 한다'고 설명한다.

아침마다 마음에 양식이 되는 글을 소리 내어서 읽어 보자. 좋은 말을 말하고 쓰고 귀로 듣다 보면 신체 세포 하나하나가 부활되고 복원된다.

재치 있는 이발사의 말솜씨

오래된 이발사가 자신의 기술을 전수해주기 위해 젊은 도제를 한 명 들였다. 젊은 도제는 열심히 이발 기술을 익혀 첫 번째 손님을 맞이하게 되었다. 그는 그동안 배운 기술을 최대한 발휘하여 첫 번째 손님의 머리를 성심껏 깎았다. 그러나 거울로 자신의 머리 모양을 확인한 손님은 투덜거리듯 말했다.

"머리가 너무 길지 않나요?"

초보 이발사는 손님의 말에 아무런 답변도 하지 못했다. 그러자 그를 가르쳤던 이발사가 웃으면서 말했다.

"머리가 너무 짧으면 경박해 보인답니다. 손님에게는 긴 머리가 아주 잘 어울리는걸요."

그 말을 들은 손님은 금방 기분이 좋아져서 돌아갔다.

두 번째 손님이 들어왔다.
이발이 끝나고 거울을 본 손님은 마음에 들지 않는 듯 말했다.
"너무 짧게 자른 것 아닌가요?"
초보 이발사는 이번에도 역시 아무런 대꾸를 하지 못했다. 옆에 있던 이발사가 다시 거들며 말했다.
"짧은 머리는 긴 머리보다 훨씬 경쾌하고 정직해 보인답니다."
이번에도 손님은 매우 흡족한 기분으로 돌아갔다.

세 번째 손님은 이발이 끝난 후 거울을 보며 머리 모양은 무척 마음에 들어 했지만, 막상 돈을 낼 때는 불평을 늘어놓았다.
"시간이 너무 많이 걸린 것 같군요."
초보 이발사가 여전히 우두커니 서 있자, 이번에도 이발사가 나섰다.
"머리 모양은 사람의 인상을 좌우한답니다. 그래서 성공한 사람들은 머리 다듬는 일에 많은 시간을 투자하지요."
그러자 세 번째 손님 역시 매우 밝은 표정으로 돌아갔다.

네 번째 손님은 이발 후에 매우 만족스러운 얼굴로 말했다.
"솜씨가 참 좋으시네요. 겨우 20분 만에 깔끔해졌어요."

이번에도 초보 이발사는 멍하니 서 있기만 했다. 이발사는 손님의 말에 맞장구를 치며 말했다.

"시간은 금이지요. 손님의 바쁜 시간을 단축했다니 저 역시 기쁘군요."

그날 저녁에 초보 이발사가 자신을 가르쳐준 이발사에게 오늘 일에 대해서 묻자 이발사는 이렇게 말했다.

"세상의 모든 사물에는 양면성이 있다네. 장점이 있으면 단점도 있고, 얻는 것이 있으면 손해 보는 것도 있지. 세상에 칭찬을 싫어하는 사람은 없다네. 나는 손님의 기분을 상하게 하지 않으면서 자네에게 격려와 질책을 보내고자 한 것뿐이라네."

'말 한마디로 천 냥 빚을 갚는다'는 말이 있다. 능력 못지않게 중요한 것은 바로 말하는 기술이다. 똑같은 상황에서도 말 한마디에 의해 하늘과 땅 차이의 결과를 보게 된다. '어떻게 말하는가'는 당신이 '어떤 사람인가'를 말해주는 척도다.

반말은
반발을 부른다

　우리가 살아가는 역사는 말의 역사라고 할 수 있다. 말하는 법이 잘못되어 성공할 수 있는 기회가 실패의 늪으로 빠져버리는 경우가 있다. 물론 말 한마디로 망하는 경우도 있지만 천 냥 빚을 갚는 예는 얼마든지 있다.

　말을 돈으로 비유하자면 말이 많은 사람의 말은 마구 찍어내는 돈처럼 공신력이 저하되는 인플레 현상을 빚어낸다. 약속을 지키지 못하는 말은 부도수표로 처리되어 "저 사람은 언제나 공수표만 떼지!"라고 낙인찍히고 마는 것이다. 그러나 더 위험한 것은 뻔한 거짓말이다. 이런 사람은 위조지폐 발행자와 같아서 남을 해치는 것은 물론 자신의 인생을 송두리째 망쳐버린다. 믿을 수 있는 정확한 말, 그것만이 보증수표가 된다.

　신상현 회장. 그는 옆에서 지켜볼 때 세상 모든 사람들에게 경어를 쓴다. 그럴 때 상대들 중 제일 힘들어 하는 사람들이 고향 후배들이다. 제발 말을 낮춰달라고 하지만 그의 대답은 한결같다. 서울 생활 50여 년 동안 계속 존댓말을 쓰다 보니 습관화되어 고치기가 어렵다는 것이다. 그는 달변가도 특별한 말솜씨가 있는 것도 아니지만, 생기 있고 긍정적인 단어들로 대화를 하기 때문에 믿음이 생긴다. 친근감과 겸손함이 깃든 성품도 많은 지인들이 그를 편하게 대하는 요인인 듯하다.

　신상현 회장은 1980년대 말 43세의 나이에 세계일보 국장을 지냈다. 그 시절 부장의 나이가 평균 50세였으니 얼마나 빠르게 출세했는가를 쉽게 알 수 있다. 20대 후반 젊은 시절에는 세계평화교수아카데미의 연구위원으로 근무하면서 국내외 많은 교수들과 국제학술세미나 참석 차 수십여 국가를 다니며 좋은 분들과의 폭넓은 교류를 통해 식견을 넓힌 사람이다.

　그러나 그는 시골에서 고등학교를 졸업했다. 서울에서 첫 직장 생활을 시작했을 때는 월세 방도 구하지 않고, 밤에는 사무실 소파에서 자면서 비용을 아껴 야간에 한양대학교 행정학과 청강생으로 공부를 계속했다. 나중에는 한국방송통신대학을 졸업하고 서울시립대학교에서 대학원 과정을 수료하는 등 그야말로 주경야독의 실천자이다.

그의 삶 속에는 언제나 책이 가까이 있었다. 중·고등학교 시절에 형이 서점을 운영했던 인연 때문이었던지 고등학생 신분으로 《사상계》 잡지를 읽었고, 그 시절 한국일보가 주최한 불조심 강조 주간 전국 표어모집에 당선되어 부상으로 2년간 무상구독의 기회도 얻었다. 그를 가까이에서 지켜본 사람들은 여느 사람들과 발상이 남다르다는 말들을 한다.

군대생활 중에도 남들은 산속에서 총 들고 훈련할 때 그는 다른 길을 걸었다. 봉화교육청 교육감이 군 부대장에게 초등학교 교사 자격에 준하는 세 사람을 요청한 일이 있었다. 부대장의 추천으로 석포초등학교에서 군인 신분으로 사복을 입고 6학년 담임을 맡았다. 또한 재건중학교를 만들어 중학교 진학을 못한 나이 든 학생들을 위해 야간에도 쉬지 않고 공부를 가르쳤다. 그 인연으로 지금도 서울, 인천, 안산. 수원 등지에서 살고 있는 제자들과의 만남이 이어지고 있고, 애경사도 직접 챙김으로써 참으로 보람찬 삶을 살아간다.

언론사에서 간부로 재직할 당시에는 자양동에 교회를 직접 개척했다. 수요 저녁집회를 비롯해 남들이 쉬는 일요일에도 쉬지 않고 설교를 준비하여 3년 반 동안 목회자의 생활을 이어갔다. 개척교회 교인이 80여 명이 넘을 만큼 성공적인 목회 활동이었다. 신학을 전공한 성직자가 아닌 행정학을 전공한 사람이 얼마나 성실히 열정을 다했으면 그런 일이 가능했을까 궁금할 정도다. 참으로 의지의 사나이라고밖에 할 말이 없다.

그는 사업을 하다 아주 크게 부도가 나고 말았다. 그 큰 충격 속에서도 절망하지 않고 살아냈다는 사실이 놀랍다. 그 정도 좌절을 겪으면 대부분 해외로 도피하거나 어디론가 잠적하기 마련이다. 괴로움을 잊으려고 아침부터 술독에 빠져 폐인이 되는 사람도 있다. 그러나 신상현 회장은 자기와 인연이 있는 좋은 사람들과 만나며 당당하게 해쳐나가는 도전과 열정을 보여주었다.

얼마 전부터 그는 제4차 산업혁명의 핵심기술 AI(인공지능)와 연계된 개발에 조카들과 함께하며 나이 든 사람답지 않게 활동적으로 살아가고 있다. 현재 그가 하고 있는 사업은 멀지 않은 날 큰 성취로 이어질 거라고들 이야기한다.

누구도 나를 위해 대신 살아줄 수 없다. 한 번뿐인 인생을 아마추어가 아닌 프로답게 살아가야 한다. 평범해 보이지만 비범함이 숨겨져 있는 사람, 진정한 프로처럼 사는 사람이 바로 신상현 회장이다.

 많은 이들이 신상현 회장을 일컬어 "사람냄새가 나는 사람" 혹은 "뒷모습이 아름다운 사람"이라 평한다. 사람을 대할 때 아무리 나이가 어리더라도 늘 존중하고 존댓말을 일상화하는 그의 태도에서 그런 인상과 평가가 나왔으리라 생각한다. 함부로 하는 반말은 반발을 불러오기 마련이다. 남녀노소를 불문하고 존중하는 말이나 태도에 반감이 생길 이유가 없다. 이런 사람이 가까이에 있다는 것이 나에게도 행운이다.

미안해요, 고마워요, 사랑해요

　우리나라 여성들이 남편에게 하는 말 중에 가장 흔한 말은 '이혼하자'는 말이다. 꼭 이혼할 생각이 있어 그렇게 말하기보다는 남편에게 경각심을 불러일으키기 위해 하는 말일 것이다. 그러나 같은 말도 반복하면 '이슬비에 옷 젖는지 모른다'고 자신도 어쩔 수 없는 지경으로 빠져들게 된다.

　여성이 수녀원에 들어가게 되면 '왜 수녀가 되었는가?'를 구체적으로 서술하여 낭독케 한다. 이때 긍정적인 어휘로 표현한 사람은 그렇지 않은 사람보다 훨씬 보람되게 수도생활을 할 뿐 아니라 건강하게 장수했다. 같은 말도 어떻게 표현하느냐에 따라 운명이 달라지는 것을 보여주는 좋은 사례라 하겠다.

　할리우드에서는 매년 연예인을 중심으로 베스트와 워스트를 선

발한다. 즉 최선의 연예인과 최악의 연예인을 뽑는다. 많은 사람들이 호기심을 가지고 지켜보다가 최선의 연예인에게는 박수와 환호를 보내고, 최악의 연예인에게는 야유를 보낸다. 이처럼 보는 관점에 따라 반응이 판이하게 달라지는 것이 현실이다.

이혼은 최선의 방법이 아니라 최악의 방법이다. 이유여하를 막론하고 이혼했다고 박수를 쳐주는 사람은 없다. 결혼은 첫눈에 반해서 할 수 있지만, 이혼을 순간적인 충동의 발로에 의해 단행해서는 절대 안 될 일이다. 신중히 수천 번을 생각하고, 이혼 후에 어떤 파장이 생길 것인지를 신중히 생각하고 해도 늦지 않다.

그동안 내가 이혼한 부부를 재결합시킨 경우만 해도 수백 쌍이 넘는다. 도저히 방법이 없는 부부란 없다. 헤어져야 할 이유가 있다면 살아야 할 이유도 있다. 부부 문제에 있어서 극단적인 언어는 독약처럼 위험하다.

MBC 라디오 〈양희은 강석우의 여성시대〉에서는 '미고사' 캠페인을 지속적으로 벌인 적이 있었다.
"미안해요." "고마워요." "사랑해요."
이런 말을 많이 하는 부부일수록 하루하루가 천국이다. 이런 부부는 어려움 속에서도 행복을 느낀다. 행복을 느끼게 되므로 문제도 쉽게 풀린다. 행복하지 못한 이유는 불행 때문이 아니라 불평 때문이다.

  MBC 〈여성시대〉에서는 결혼식을 올리지 못한 많은 부부에게 무료로 예식을 올려주고 신혼여행까지 다녀오도록 했다. 지금껏 필자도 수백 쌍이 넘는 부부의 주례를 맡았던 일이 아직까지 기억에 새롭다. 면사포 한번 쓰는 것이 소원이었는데 이제는 죽어도 여한이 없다며 눈물을 흘리는 사람들도 많았다. 사랑하는 사람과 산다는 것은 일단 소원을 성취한 것이나 다름없다. 하루에 한 번씩이라도 '미안해요', ' 고마워요', ' 사랑해요'를 외쳐보자. 긍정적인 파장이 집안 전체에 가득 차게 된다.

말씨

  농사를 짓는 농부들은 곡식 중에서도 좋은 곡식만을 씨앗으로 골라 놓았다. 농사의 성패가 씨앗에 달려 있기 때문이다. 예전에 농토가 없었던 사람들은 강원도 깊은 산속에서 화전민 생활을 했다. 그들은 산등성이를 태우고 논밭을 일궈 농사를 짓고, 비수기에는 약초를 캐다 팔아 생활을 했다.

  어느 해인가 눈이 엄청 많이 왔다. 그 후 화전민들이 보이지를 않아 주민들이 그곳으로 올라가 보니 모두 굶어 죽어 있었다. 그런 와중에도 화전민들의 씨오쟁이 속에는 씨앗들이 그대로 있었다고 한다. 이처럼 굶어 죽어가면서도 다음 해에 뿌릴 씨앗에는 손을 대지 않았던 것이다.

씨앗은 그들의 유일한 희망이요, 생명이었던 것이다. 말에도 씨가 있어 '말씨'라고 한다. 그 사람이 쓰는 말씨를 보면 그의 미래를 알 수 있다. 성공한 사람들은 긍정언어를 쓰는데 자녀도 부모의 언어를 배우게 된다.

대대손손 번영하는 가게家系와 불운과 사고, 불행이 계속되는 가계를 보면 너나없이 말씨에서 원인을 찾을 수 있다. 사랑, 긍정, 칭찬, 격려, 기쁨, 덕담을 하는 가계는 대대손손 번창하고, 악담과 비난, 음해, 원망의 말을 쓰는 가계는 불운과 불행이 찾아오기 마련이다.

어제 뿌린 말의 씨앗이 오늘의 나를 만들고, 오늘 뿌린 말의 씨앗이 내일의 나를 만든다.

운명을 바꾸는 습관 50

작은 빗방울이 모여 바다가 되듯이 작은 습관이 모여 운명을 만든다. 부정적인 습관은 부정적인 운명을 만들고, 긍정적인 습관은 긍정적인 운명을 만든다. 운명을 바꾸고 싶다면 습관을 바꾸면 된다.

01. "좋은 아침"을 외치며 일어나라. 좋은 아침은 좋은 하루를 약속한다.
02. 덕담으로 시작하여 덕담으로 끝내라. 천복이 함께한다.
03. 활짝 웃어라. 웃음에는 만복을 부르는 힘이 있다.
04. 한 걸음 한 걸음 정성을 들여서 걸어라. 위대한 족적足跡이 남게 된다.
05. 눈이 마주치면 먼저 인사를 하자. 인사는 사랑과 행복의 시작이다.
06. 감동하라. 감동 받을 만한 일은 감동할 줄 아는 사람에게 찾아온다.
07. 스스로를 칭찬하자. 자기 칭찬은 금메달보다 더 값지다.
08. 복福의 잔고가 부족하면 불운이 생겨난다. 좋은 일로 잔고를 채워라.
09. 멘토의 행동 방식을 복제하라. 큰 인물로 거듭난다.
10. 좋은 글과 좋은 말은 영혼의 보약이다. 수시로 섭취하라.
11. 쓸데없는 생각을 버려라. 버리지 않으면 필요한 것을 저장하지 못한다.
12. 명상과 단전호흡을 배워라. 마음의 힘이 세상을 지배한다.
13. 참된 신앙을 키워라. 신의 세상과 직통전화가 개설된다.
14. 몸의 상처는 치유되지만 말로 입은 상처는 평생 간다. 말을 조심하라.
15. 안 되는 것은 남의 탓이 아니다. '내 탓이오'를 외쳐라.
16. 넘어지면 '허허허' 웃어라. 김연아 선수도 일 년에 수천 번은 넘어졌다.

17. 음식을 먹으며 "맛있다"고 말하라. 먹은 음식도 보약으로 변한다.

18. "나는 안 돼" 하고 말하면 될 일도 안 된다. "돼"라고 고쳐 말하라.

19. 화를 자주 내면 병이 들고 빨리 늙는다. 화가 나면 숨을 멈춰라.

20. 급할 때만 기도하지 말라. 미리부터 그분들을 만나 거래하라.

21. 약속은 목숨을 걸고 지켜라. 신뢰를 잃으면 살았어도 산 것이 아니다.

22. 티끌 모아 태산이다. 자투리 시간도 황금처럼 소중한 것이다.

23. 꼭 써야 할 때는 천만 원도 껌 값이다. 안 써도 좋을 때는 천 원도 거금이다.

24. 좋은 말은 좋은 씨앗이다. 남의 말을 좋게 해야 좋은 일이 생겨난다.

25. 싫은 사람에게 더욱 잘하라. 마음의 평화가 천국을 만든다.

26. 손실에 가슴 아파하지 말라. 이익에 기뻐했나를 생각해 보라.

27. 득이 되는 일만 좇지 말라. 납득이 되는 일을 먼저 선택하라.

28. 하고 싶은 일을 하라. 투덜대면서 억지로 하는 일은 화를 불러온다.

29. 혼잣말을 해보자. 혼잣말은 마음의 상처를 치유한다.

30. 돈을 많이 쓴다고 욕을 먹지 않는다. 다만 말이 많으면 두고두고 욕을 먹는다.

31. 상대방이 말을 하면 맞장구를 쳐줘라. 추임새는 어디서나 빛을 발한다.

32. 주문을 만들어 외워 보자. 놀라운 변화가 생겨난다.

33. 전화를 끊을 때 사랑의 감정을 담아라. 가슴에서 가슴으로 전달된다.

34. 꽃과 나무와도 대화를 해보자. 틀림없이 통하게 된다.

35. 겸손한 사람은 하늘에서 도와준다. 온유한 자가 되어라.

36. 남들이 싫어하는 일을 하라. 화장실 청소와 설거지는 복을 부르는 일

이다.

37. 어려운 일이 생기면 주먹을 불끈 쥐어라. 나도 모르게 힘이 생긴다.

38. 부모를 가슴 아프게 하지 말라. 자녀도 그대로 복제하여 나에게 갚아 준다.

39. 나쁜 일을 애써 기억하지 말라. 생각의 스위치를 바꾸면 세상이 변한다.

40. 걱정은 시간을 정해 놓고 하라. 이런 시간은 짧을수록 좋다.

41. 소중한 사람을 위해 기도하자. 더 큰 복으로 되돌아온다.

42. 핸드폰의 컬러링은 애국가로 바꾸자. 나라 사랑이 가장 큰 사랑이다.

43. 핸드폰에 꿈을 저장해 가지고 다니자. 꼭 이뤄진다.

44. 삶의 시간표를 만들고 그대로 살아가라. 오차 없는 인생을 살 수 있다.

45. 문자 메시지는 사랑을 담아 발송하라. 그것이 복을 부른다.

46. 가끔 가랑이 사이로 하늘을 보자. 보는 눈이 변하면 인생도 변한다.

47. 겨울이 춥다고 웅크리지 말라. 추울수록 봄에 과일이 많이 열릴 것이다.

48. 불행 중 다행은 있어도 다행 중 불행은 없다. 기쁨으로 살아가라.

49. 이 세상이 끝나면 다음 세상으로 가게 된다. 미리미리 준비하라.

50. 일기장에 그날 있었던 일 중에 좋은 일만 써보자. 그것이 나의 역사다.

망했다 망했다 하면
진짜 망한다

    돈 때문에 부모형제 간이 남보다 더 못한 관계가 되는 경우는 얼마든지 있다. 재벌들도 재산 상속문제로 소송하는 경우가 종종 뉴스를 장식한다. 그렇지만 아버지의 사업을 승계 받으라는 간청을 물리치고 미국에서 교수생활을 하는 재벌 2세도 있다.

    사업가 S 씨는 한동안 장안의 돈을 끌어 모았다. 그런데 IMF의 폭풍으로 부도를 맞기 시작하여 그 후로 하는 일마다 되는 일이 없어 어려움을 겪게 되었다. 그러다 보니 집에도 못 들어가고 그렇다고 갈 데도 없어 떠돌이 생활을 하며 빚쟁이들에게 쫓기는 신세가 되었다.

    하루아침에 천국에서 지옥으로 떨어진 것인데 그의 주머니에는 부도 맞은 수표가 한 다발이나 들어 있었다. 수표는 살아 움직이는 생명체와 같은 존재이지만 부도를 맞는 순간 죽어버려 수표의 시체가 되는 것이다.

그는 안타까운 마음으로 죽은 자식의 불알을 어루만지듯이 부도 수표를 꺼내 보이며 "이것 보세요. 나는 망했습니다"를 연발했지만 그렇다고 동정을 하거나 도와주는 사람은 그 누구도 없었다. 이 친구는 원래 도박꾼 기질이 농후하여 한 방만 제대로 터지면 재기할 거라고 생각하고 동창생과 고향 친구들에게 사정하여 빌린 돈을 갖고 노름판을 찾아갔지만 그날로 모두 날렸다. 그 후 이 친구의 소식을 들은 사람은 아무도 없다. 외국으로 도망갔다는 말도 있고 자살했다는 소문도 있지만, 모두 확실한 근거가 없는 소문이다.

이번에는 좋은 얘기를 좀 해보자. 전에 서울 남대문 시장에는 드럼통에 염색약을 넣고 군복을 염색해 파는 장사들이 많았다. 이 무렵 대부분의 사장들은 돈을 포대에 넣어 가져갔다고 한다. 특이하게도 내가 만난 B 씨는 밤늦게까지 구겨진 돈은 펴고 찢어진 것에는 테이프를 붙인 후 깨끗하게 다림질하여 아랫목에 모셔 놓은 다음 촛불을 켜놓고 고맙다고 큰절을 했다. 꼭 살아 있는 사람에게 하듯 대한 것이다. 이 집은 하루가 다르게 발전하였다. 그러고는 유일하게 성공하여 커다란 섬유회사를 차렸다.

돈을 이 주머니나 저 주머니에 함부로 구겨 넣는 사람도 있는데 이런 사람을 돈이 좋아할 리가 없다. 그런가 하면 돈과 악연을 맺는 사람도 있다. 급하다고 돈에 전화번호를 적는 사람, 장난으로 세종대왕이나 율곡 선생의 눈을 담뱃불로 태워 구멍을 내는 사람, '불신지옥'이란 도장을 새겨 찍는 사람도 있다. 모두 돈과 원수가 되려고 애를 쓰는 사람들이다.

돈도 눈이 있고 생각이 있다. 주위에서 보면 돈이 잘 따르는 사람은 너나없이 돈을 아끼고 사랑하는 사람들임에 틀림없다. 다른 것은 몰라도 지갑은 최고급으로 사용하자. 지갑은 돈이 사는 아파트다. 자신을 최고급 아파트에다 모시는 사람을 돈이 결코 모르는 척할 리가 없다.

일을 즐기면
돈은 따라온다

　일이란 생명을 풍요롭게 하는 중요한 요소다. 그렇다면 주어진 일이 없으면 찾아서 하고, 찾아도 없으면 만들어서 해야 한다. 이삼십 년 전만 해도 사람들은 한 푼이라도 수당을 더 받기 위해 야간작업도 기쁘게 했다. 이들에게 일은 기쁘고 신나는 것임은 말할 나위가 없었다. 이 사람들은 이미 집도 사고 자녀도 훌륭하게 키워 모두 시집과 장가를 보냈다.

　그러나 요즘은 힘든 일을 하지 않으려고 한다. 소위 3D 직종은 사람을 구하려 해도 대개가 기피한다. 결국 가난한 나라 사람들이 들어와 돈을 벌어 자신들의 나라에 송금하고 집까지 산다는 것이다. 그들은 부자가 되어 자기 나라에 가면 좋은 신랑감과 신붓감이 줄을 선다고 한다. 일을 즐겁게 하느냐, 그렇지 않느냐가 천국도 만들고 지옥도 만든다.

같은 날씨에도 '춥다, 춥다' 하는 사람만 벌벌 떤다. 이처럼 죽지 못해 일을 하는 사람에게 일이란 형벌 중의 형벌이다. 퇴근 후 술집에 가면 직장에서 속상하고 괴로웠던 일들만 말할 뿐 신나고 즐겁다는 말을 하는 사람은 찾기가 힘들다. 술도 즐겁게 마시면 약이 되지만 괴로운 상태에서 마시면 독이 된다.

일을 즐기는 사람은 술을 마시러 갈 겨를이 없다. 집에 가서 휴식을 취하고 내일 또 신나게 일하러 나가야 하기 때문이다. 돈을 쓸 시간이 없다 보니 돈도 하루가 다르게 통장에서 살이 찐다. 그러나 힘들고 속상한 사람은 술로 스트레스를 풀다 보니 술값도 나가고 몸까지 상하니 약값이 또 든다. 이래저래 돈하고는 인연이 멀어진다.

일이 지겹다 보면 놀러 갈 계획부터 세우는 달인이 된다. 하지만 일이 지겨운 사람은 놀러 가서도 신나게 놀지를 못한다. 일할 때는 놀 생각에 일이 제대로 손에 잡히지 않고, 놀 때는 일을 못했던 갈등 때문에 제대로 놀지도 못한다.

현대그룹을 창업한 고故 정주영 회장은 막노동을 할 때도 새벽에 동이 트기 시작하면 가슴이 뛰었다고 말했다. 일을 즐길 시간이 가까워지기 때문이다. 그러나 죽지 못해 일을 하는 사람은 인당수에 팔려가는 날의 심청의 기분이 되는 것이다. 일을 즐기는 사람은 어려움이나 고통도 대환영이다. 프로선수들을 보자. 노동으로 쳐도 중노동이다. 그러나 이들은 어려움 속에서도 꿈, 기쁨, 사랑, 행복, 열정 등의 긍정적인 언어만을 사용한다.

　1960년부터 1980년까지 MBA 졸업생 1,500명을 대상으로 조사한 연구 보고서가 있다. 졸업생을 두 그룹으로 나눠 A그룹에 속한 사람들은 '돈을 벌어 돈 걱정을 해결한 후에 정말로 하고 싶은 일을 하겠다'고 했고, B그룹의 사람들은 '처음부터 관심 있는 일을 하다 보면 돈은 자연스레 따라올 것이다'라고 생각했다.
　1,500명 중에 A그룹에 속한 사람은 83퍼센트로 1,245명이었고, B그룹에 속한 사람은 17퍼센트로 255명에 불과했다. 20년이 지난 후 그들 중 101명이 백만장자가 되었는데 A그룹에 속한 사람은 한 명에 불과했고, 100명은 모두 B그룹에 속한 사람들이었다. 일을 즐기며 하는 사람인지, 마지못해 하는 사람인지가 천국과 지옥의 삶으로 갈라놓는다.

정성을 다하면
기적이 나타난다

　진심과 사랑을 담아 최선을 다하면 정성이 되고, 정성은 기적을 일으킨다. 예전에 우리의 부모들은 장독대에 정한수를 떠놓고 자식을 위해 기도했다. 그것은 고시에 합격하게 만들고 우수한 학교에도 척척 들어가게 하는 원동력이 되었다. 정성을 다하면 나의 마음과 보이지 않는 마음이 하나가 되어 결과를 이뤄낸다.

　수십 년 된 냉동인간이 다시 살아나고 줄기세포로 중증의 환자들도 건강을 되찾고 젊음도 재생되는 시대이지만, 과학으로 설명될 수 없는 일들이 우리 눈앞에 종종 생겨난다. 암은 가장 무서운 병으로 치부하지만 병원에서 포기한 후 멀쩡하게 회복된 사람도 얼마든지 있다. 암세포를 잘라내야 된다고 믿는 사람에게는 허황

된 소리로 들리게 마련이다.

한때는 많은 사람들이 지구를 중심으로 태양이 돌고 있다고 믿었다. 당시 갈릴레오가 반대로 '지구가 돈다'고 했다가 유언비어를 유포한 죄로 구속되어 처형 직전에 '지구는 도는 것이 아니라고 한마디만 하면 살려 주겠다'라는 회유를 당했다.
제자들은 울면서 간청했다.
"제발 잘못했다고 하십시오. 그래도 살아 있다 보면 언젠가 진실은 밝혀질 것입니다."
갈릴레오는 석방되어 나오면서 중얼거렸다.
"그러나 이 순간에도 지구는 돌고 있다."

경상남도 지정 유형문화재 제15호인 표충비는 밀양시 무안면 홍제사에 있다. 임진왜란 때 국난 극복에 앞장선 사명당 송운대사의 높은 뜻을 기려 세운 비석이다. 1894년 갑오개혁 7일전 62리터의 땀을 처음 흘린 뒤 1910년 경술합방, 1919년 3·1운동, 6·25전쟁, 5·16쿠데타 등 국가의 길흉사가 있을 때마다 비석이 땀을 흘린다. 과학자들도 이 신비를 캐려고 현대적인 장비로 분석하고 있지만 쉽게 해답을 찾지 못한다. 인간의 힘과 그에 감응하는 보이지 않는 힘이 있다는 정도만 찾아냈을 뿐이다.

미국 매사추세츠 주의 한 성당 앞에 있는 성모 마리아상이 눈물을 흘렸다는 소문이 나면서 구경꾼들이 몰려들고 있다. 신도들은 성모 마리아상의 볼에 눈물 자국이 있으며 이것은 기적이라고 말하고 있다.

게다가 방글라데시 남동부의 항구도시인 치타공에 있는 150년 된 성당의 백색 대리석 성모 마리아상이 눈물을 흘리고 있는 것도 이미 언론에 보도가 되었고, 이곳 성당에서 성모 마리아상이 눈물을 흘린 것이 증명되었다. 이 마리아상을 보기 위해 이슬람교, 힌두교, 불교, 기독교 신자들도 찾아오고 있으며 군중을 통제하기 위해 경찰이 배치되었다. 현장을 취재한 기자들은 마리아상 두 눈 아래에 작은 물방울들이 뭉쳐진 뒤에 턱으로 떨어지는 것을 보았다고 했다.

베네수엘라 남동부의 산크리스토발이라는 도시에서 성모 마리아상을 장식하고 있는 꽃잎에서 포도주가 나와 많은 사람들의 관심을 모으고 있다. 네나 카르나스라는 여성은 며칠 전부터 성찬대에 장식된 꽃잎에서 포도주가 나오기 시작했다고 밝혔다. 소식을 전해들은 많은 사람들이 종교적 기적이라며 이 현상을 보기 위해 모여들고 있다.

또 2001년도부터 이곳에 있던 성모 마리아상 가운데 하나는 기름 눈물을, 다른 하나는 피눈물을 흘리는 것으로도 잘 알려져 있다. 진실 여부를 가리기 위해 CCTV를 설치해 놓았지만 별다른 이상한 점은 발견되지 않았다. 이런 현상은 특정한 종교가 아니라 정성의 대상에서 나타나며 개인도 포함된다.

　학습 지진아로 도저히 방법이 없다고 포기했던 한 학생이 있었다. 언제나 꼴찌여서 가정에서도 학교에서도 포기를 한 상태였다. 더욱이 자신도 그렇게 믿고 있었는데 하루는 부모가 나에게 데려왔다. 어머니는 명문대학을 나온 후 이십여 년 동안 교사생활을 하고 있었기 때문에 갈등이 더 컸을지 모른다.
　그 학생은 매주 토요일 나에게 들러 '말의 힘'에 대한 교육을 받았다. 지금은 고등학교에 다니는데 우수학생으로 표창을 받았고 하루가 다르게 성적이 올라간다. 그뿐만이 아니다. 건강도 아주 좋아졌고 인상이나 성격도 원만해졌다.

　'안 돼'를 '돼'로 바꾸고 '틀렸어'를 '틀림없어'로 바꿔보자. 원망의 말을 하면 원망할 일만 생기고 감사와 기쁨의 말을 하면 감사와 기쁨의 일만 일어난다. 자신의 입에서 나오는 말이 기도요, 자신의 마음이 곧 창조주의 마음이다.

복을 부르는 방법 50

남의 복을 내가 갖지 못하고, 나의 복을 남에게 주지도 못한다. 복은 주고받는 것이 아니라 스스로 지어야 한다. 자신이 복을 지으면 자신이 받게 되며, 자신이 받지 못하면 자녀라도 반드시 받게 된다.

01. 부모는 나를 세상에 보내준 창조주다. 부모에게 효도하라.
02. 불운은 복의 잔고 부족에서 생겨난다. 빨리 복을 지으라는 신호다.
03. 남의 복을 빌어줘라. 파장이 돌고 돌아 열 배가 되어 돌아온다.
04. 희망을 말하는 사람과 만나라. 희망의 나무에 희망의 꽃이 핀다.
05. 모든 것을 배타하지 말고 수용하라. 그 속에 복이 있다.
06. 뜻이 있는 일을 하라. 뜻 속에는 놀라운 기적이 숨겨져 있다.
07. 언제나 밝게 웃어라. 멀리 있던 복도 나를 찾아 달려온다.
08. 하는 일에 정성을 다하라. 풍요가 나의 것이다.
09. 가화만사성이다. 집안이 시끄러우면 될 일도 안 된다.
10. 남에게 복을 지을 기회를 만들어줘라. 그것이 큰 복이다.
11. 인연처럼 값진 것도 없다. 인연을 악연으로 만들지 말라.
12. 아낌없이 베풀면 정신없이 들어온다. 빌 게이츠를 보라.
13. 자라나는 식물과 대화하라. 사랑이 많은 사람이 축복의 주인공이다.
14. 상처를 주는 말은 살인에 버금가는 일이다. 상처를 입혔으면 치유해 줘라.
15. 말을 적게 하라. 말이 많으면 복은 나가고 경청하면 복이 온다.

16. 같은 말도 천 번 만 번 하면 기적이 나타난다. 반복의 위대한 힘이다.
17. 봉사는 복을 짓는 유일한 기회다. 즐겁게 봉사하라.
18. 불평분자보다 강도를 만나는 것이 백 번 낫다. 만남에 주의하라.
19. 복은 덕을 통해 들어온다. 덕으로 공든 탑을 쌓아라.
20. 있는 자리에서 빛과 소금이 되어라. 복은 복을 불러들인다.
21. 마음속에 평화공원을 건립하라. 어떤 구속에도 얽매이지 않게 된다.
22. 소모적인 감정을 버려라. 정신적인 에너지 낭비는 생명 소모의 으뜸이다.
23. 어떠한 경계에도 흔들리지 말라. 지켜보는 관심觀心이 필요하다.
24. 끌려가는 마음을 잡아라. 원래의 마음을 잃지 말라.
25. 담담淡淡하게 살아가라. 무심無心은 신선이 되는 비결이다.
26. 모든 것을 능히 마음대로 하라. 마음을 다스리는 공부는 필수과목이다.
27. 몸을 성전처럼 아껴라. 무한한 능력이 발휘된다.
28. 남이 잘되게 기도하라. 내 마음에 찍은 사진은 나를 향해 돌아온다.
29. 작은 일도 소중히 하라. 복을 받는 데는 크고 작음이 없는 법이다.
30. 복과 지혜는 수레의 두 바퀴와 같다. 어리석은 자에게는 복도 무용지물이다.
31. 이익만 보려고 하지 말라. 손해를 자처하면 그것이 이익이 된다.
32. 미움과 원망은 복항아리를 깨뜨린다. 회개와 용서를 먼저 하라.
33. 편함을 주는 사람이 복인福人이다. 피곤해 하는 사람은 만나지 말라.
34. 사랑을 증폭시켜라. 사랑은 복이 자라나는 터전이다.
35. 하는 일에 정성을 다하라. 정성에는 기적의 열매가 들어 있다.

36. 좋은 책은 지혜와 희망을 안겨준다. 좋은 책과 동거하라.

37. 약속을 생명처럼 여겨라. 부도인생처럼 허망한 것은 없다.

38. 물 한 방울도 아껴 써라. 절약과 검약은 복을 불러온다.

39. 작은 복에 감사하라. 큰 복이 대기 중이다.

40. 목에 힘을 주면 복이 빠져나간다. 아랫배에 힘을 줘라.

41. 열정으로 살아가라. 뜨거움에는 강력한 에너지가 있다.

42. 항상 마음을 밝게 하라. 밝은 기운이 복을 불러온다.

43. 짐이 되지 말라. 짐을 들어주는 사람이 되라.

44. 몸을 부지런히 사용하라. 부지런함은 백 가지 복을 불러온다.

45. 덕담은 완성된 언어다. 미완성의 언어를 사용하지 말라.

46. 시간은 생명이다. 생명을 값지게 운용하라.

47. 비난과 원망은 복과 상극이다. 기쁨과 감사만이 찰떡궁합이다.

48. 근심과 기쁨은 손바닥과 손등의 관계다. 기쁨만을 보고 듣고 느껴라.

49. 천지만물을 위해 기도하라. 천지만물도 나를 위해 기도한다.

50. 좋은 글, 좋은 말의 주인이 되어라. 대대손손 번영한다.

남이 잘되는 것이
내가 잘되는 일

사람은 누구나 자기 능력에 맞게 일을 한다. 남보다 일을 반도 못 하는 사람도 있고, 열 사람의 몫을 하는 사람도 있다. 인천여성로터리클럽의 이영선 원장은 열 사람 몫의 일을 한다. 남들이 어려워 못하는 일도 그가 맡으면 거뜬하게 해치운다. 바로 이런 사람을 초능력자라고 부른다. 달력에는 법정 공휴일이 있지만 그에게는 일 년 365일이 일하는 날이다.

이영선 원장이 농협대학에 근무할 때 어머니가 암 투병을 했다. 암으로 복수가 차서 배가 공처럼 부풀어 올랐다. 그 시절만 해도 의학이 발달하지 않아 속수무책이어서 주변에서는 포기하라고 했다. 그러나 이영선 원장은 자기 목숨을 담보로 기도했다.

"하나님, 어머니를 살려주세요. 저는 어떻게 되어도 좋아요."

이 원장은 공처럼 빵빵하게 부풀어 오른 어머니의 배를 문지르며 울면서 기도했다. 그 순간 기적이 일어나 배가 갈라지며 속에 있던 암 덩어리가 빠져나왔다. 그 후 이 원장은 은행가인 문창구 씨와 결혼하여 어머니를 모시고 살았는데, 어머니는 93세까지 장수했다. 93세라면 지금 생각해 보아도 대단한 나이다.

이영선 원장은 평생 여성단체 및 사회단체를 이끌어왔는데 남들이 힘들어 못하는 일들을 스스로 앞장서서 해결해나간다. 그가 활동하는 범위는 한 지역에 머물지 않는다. 자기를 필요로 하는 곳이라면 전국 어디든지 달려간다. 아무리 절망적인 환자도 그의 손이 닿으면 소생하다 보니 세계 각지에서 그를 찾아오는데 내가 아는 저명인사 중에 그가 살려낸 사람도 부지기수다. 나중에 그의 손은 보기 흉할 정도로 변형되고 옴두꺼비처럼 되었는데 좋다는 약을 써도 고쳐지지 않았다. 환자의 병이 그에게 옮겨온 것이다. 한동안 휴식을 취했고 지금은 정상적인 상태로 돌아왔다. 그러나 이 원장은 지금도 누군가에게 도움이 되는 일에는 발 벗고 나선다. 그래서 그의 주위에는 많은 사람이 모여든다.

이영선 원장의 삶은 남을 위하는 삶이다. 남이 잘되는 것을 내가 잘되는 일이라 여기기 때문에 흥할 수밖에 없다. 내가 받을 복을 직접 못 받으면 자식들이 받게 되는 것이 우주의 법칙이듯 이영선 원장의 두 아들도 세계적인 인물로 우뚝 서서 명성을 얻고 있다. 큰 아들은 해외에 나가 촬영 전문가로 두각을 나타내다가 귀국하여 왕성하게 활동하고 있고, 작은아들은 전자 게임 국가대표 선수로 활동한다. 부모의 공덕이 자녀를 통해 이뤄지고 있는 것이다.

자신에게 말하면
놀라운 효과가 나타난다

말은 상대방보다 자신에게 할 때 더 큰 위력을 발휘한다. 주문이나 기도문도 형식만 다를 뿐 자신에게 하는 말이다. 어느 날 기자가 빌 게이츠에게 물었다.

"세계 제일의 갑부가 된 비결은 무엇입니까?"

누구나 그가 부자가 된 비결에 대해 궁금할 것은 당연한 일이다.

기자는 특별한 대답이 나올 것이라고 생각했는데 그리 특별하거나 긴 얘기가 아니었다.

"나는 날마다 스스로에게 두 마디 말을 합니다. '오늘은 큰 행운이 나에게 있을 것이다'와 '나는 뭐든지 할 수 있어'라는 말이지요."

오래전에 방영된 KBS TV의 인기 연속극 〈여로〉의 시청률은 대단했다. 태현실 씨와 장욱제 씨가 주인공이었는데, 드라마에서 장욱제 씨는 조금 부족한 데다 말더듬이였다. 많은 학생들이 그의 흉내를 내다가 진짜 말더듬이가 되었다. 흉내를 내다보면 나도 모르게 그렇게 되어버린다.

빌리 그레이엄은 세계적으로 유명한 부흥사이다. 한국에서 행사를 치를 때 통역은 김장환 목사가 맡았다. 서울 여의도공원에 150여만 명의 청중이 운집한 가운데 집회가 열렸다. 놀라운 사실은 두 사람이 음성, 감정, 표정, 제스처까지도 닮아 있었다는 사실이다.

김 목사의 꿈은 빌리 그레이엄 목사의 통역을 하는 것이어서 자나깨나 그의 비디오테이프를 반복해서 보면서 통역을 맡게 해달라고 기도했다. 또 재미있는 사실은 김 목사의 영어 이름이 빌리 킴으로 빌리 그레이엄과 이름까지 비슷한 것을 보면 큰 인연이라는 생각이 든다.

연예인의 자녀가 연예인이 되고 의사의 아들이 의사가 되며, 대성한 사업가의 형제들도 사업가로 두각을 나타내는 것은 보고 듣고 말하다 보니 나도 모르게 복제가 되어 공유가 되기 때문이다. 부부가 오랫동안 함께 살다 보면 말과 성격은 물론 인상까지 닮는 것도 그런 이치다.

나는 성당이나 사찰, 교회에 가서 특강을 할 때는 반드시 이런 말을 한다.

"여러분. 기도를 절대로 하지 마십시오."

이렇게 말하면 모두 웅성웅성하고 성질이 급한 사람은 자리에서 벌떡 일어나 항의를 한다.

"기도를 하지 말라니 무슨 말을 그렇게 합니까?"

나는 청중들을 진정시킨 후 다시 설명을 부연한다.

"기도 대신 말을 기도처럼 하라는 얘기입니다."

많은 사람들은 말과 기도가 판이하게 다르다고 생각한다. 자신이 하는 말이 기도라는 것을 깨닫지 못하는 것이다.

나는 방송작가이지만 교양프로와 예능프로를 넘나들며 출연하다 보니 가수들과 함께 하는 프로도 많았다. 가수 중에 대중에 잘 알려진 윤항기 씨가 있다. 유명한 연예인이었던 부모님을 일찍 여의고 여동생 복희 씨와 외롭게 성장했다. 그래서 그런지 얼굴도 음색도 밝지 못했다. 그런데 어느 날 새로운 곡이 나왔다고 해서 들어보니 〈나는 행복합니다〉라는 노래였다.

'나는 행복합니다. 나는 행복합니다. 나는 나는 행복합니다……'가 반복되는데 그 노래를 듣는 순간 강력한 에너지가 전달됨을 느꼈다. 지금은 유명한 목회자로 변신했고 얼굴도 예전 얼굴과 전혀 다르다.

어떤 말이든 3천 번만 반복하면 그대로 되게 마련이다. 가수들은 노래를 취입하기 전에 보통 수천 번 반복해서 연습한다. 노래는 노랫말에다 곡을 붙인 것으로 자신에게 강력한 영향을 미치는 것이다. 또한 국민가수 송대관 씨는 여러 곡을 발표했지만 모두 반응이 없자 마지막으로 취입한 노래가 〈해뜰 날〉이다. 오랫동안 지옥에서 고생하던 그는 이 노래 한 곡으로 노래 제목처럼 하루아침에 전국으로 진입했다.

부정적인 말은 자신을 망하게 하는 악성부채이고, 긍정적인 말은 자신을 발전시키는 순수자산이다.

'감사합니다'란 말이 기적을 만든다

 우리가 가장 못하는 말 중에 하나가 '감사합니다'란 말이다. 고기도 먹어본 사람이 먹는다고 평상시에 전혀 사용하지 않던 사람이 이런 말을 하려면 입이 떨어지지 않는다. 감사의 말을 못하는 사람은 원망의 말은 잘한다. 그것이 습관이다. 습관은 중독성이 있어 한번 형성되면 좀처럼 고치기 힘든 것이다. 여하튼 다른 말은 몰라도 '감사합니다'는 주문처럼 외워야 한다. 그것이 바로 자기 운명을 송두리째 바꾸는 계기가 되기 때문이다.
 병원에 가면 약을 처방해주지만 나에게 오면 '감사합니다'란 말을 처방해준다. 약을 사려면 돈이 들고 부작용도 있지만, 감사의 말은 돈도 안 들고 부작용도 없으며 효과는 120퍼센트 이상 나타난다.

'범사에 감사하라'는 말에는 틀림없이 이유가 있다. 말에는 부메랑의 법칙이 있어 내가 한 말은 나에게서 결실을 맺는다. 감사와 기쁨, 행복의 말은 플러스(+) 파동이 생성되고, 불평과 원망, 비난의 말은 마이너스(-) 에너지가 생성된 후 좋은 에너지를 모두 방전시켜 질병과 실패, 불행 등을 끌어온다. 암으로 오늘내일 하던 환자가 '감사합니다' 처방으로 기적처럼 소생했다. 그런가 하면 직장에서 밀려나 상처를 입고 원한을 품었던 사람이 재취업에 성공한 경우도 있으며, 이혼하여 가정이 깨졌던 사람이 재결합하여 행복한 나날을 보내는 등 수많은 사례가 있다.

열심히 사는데도 어려움을 겪는 사람은 얼마든지 있다. 이런 사람들을 대부분 말버릇에서 원인을 찾아낼 수 있다. 열심히 한다고 되는 것이 아니라 불평 없이 기쁘게 살아야 한다는 데 포인트가 있는 것이다.

어느 해엔가 신앙심이 돈독하고 열심히 일하는 주부 한 사람을 '감사합니다'의 모델로 선정했다. 그녀는 세 자녀를 둔 맹렬 여성이지만 일이 잘 풀리지 않아 그녀를 지도해주기로 했다.

주인공인 김은혜 씨는 아침 다섯 시에 일어나 기도로 하루를 시작한다. 언제나 학교에 가는 세 자녀의 아침 준비를 해야 하고 자신도 출근하기 때문에 몸이 열 개라도 부족할 정도다.

인천에 거주하는 그녀의 출근 시간은 일터가 있는 서울까지 정확히 1시간 20분이 걸린다. 그때까지는 출근하는 전철에서 독서를 하거나 통화도 하고 깜박 졸기도 했다. 그렇지만 100일 작정으로 전철에서 내릴 때까지 오로지 '감사합니다'만 반복할 것을 약속했다.

그러나 처음부터 익숙하게 된 것은 아니었다. 감사할 일도 없는데 왜 '감사합니다'라고 해야 하는가? 미운 사람에게도 '감사합니다'를 해야 하는가? 하는 일도 제대로 안 되고 어려움이 태산 같은데 '감사합니다'를 꼭 해야 하는가? 이런 의문이 들었다.

처음에는 어색했지만 약속을 지키기 위해 반복하다 보니 답답했던 일들이 안개처럼 서서히 흩어지며 마음속에 태양이 비치기 시작했다. 살면서 발생하는 모든 일에는 분명한 무슨 뜻이 있음을 깨닫게 되었다. 섭섭했던 사람에게도 감사하고 역경에도 감사하면서 기쁨과 희망이 충만해지고 모든 것이 변하기 시작했다.

그녀는 언제나 전철의 같은 자리에 서서 '감사합니다'를 암송했다. 빈자리가 있어도 앉지 않고 지극정성으로 '감사합니다'만을 반복한다. 빈자리가 있어도 앉지 않고 선 것은 잠시라도 졸면 안 된다는 생각 때문이었다. 그런데 한 달도 안 되어 주위 사람들이 도대체 무슨 화장품을 쓰느냐고 하면서 몰려들었다. 피부의 트러블이 없어지고 화장을 안 했는데도 얼굴에 빛이 나면서 맑고 투명해진 것이다.

얼굴이 좋아지자 너나없이 "무슨 좋은 일이라도 있는가?" 하고 물었다. 예전 같았으면 "좋은 일이 어디에 있어요?" 했을 텐데 웃으면서 "좋은 일이 많지요" 하고 대답을 했다. 어쩐지 좋은 일이 많다고 느껴진 것이다. 이렇게 '감사함'에 몰입이 되다 보니 감사의 분량과 크기는 증폭되고 100일도 되기 전에 자신은 물론 가족과 주변 사람까지 좋은 변화가 생겨났다.

삼수 끝에 E대에 들어간 딸은 H그룹의 인재육성 프로그램에 스카우트되었다. 재수를 한 아들은 국립대학에 들어가는 행운을 얻었는가 하면 금상첨화로 학년 대표까지 되었다고 한다. 남편은 김 유통업을 하고 있었다. 그런데 매년 받은 어음 중에 부도가 나는 어음이 있어 앞으로 벌고 뒤로 손해를 보기가 일쑤였지만 어쩐지 일이 술술 풀렸다. 그러나 가장 크게 감사할 일은 82세의 시어머니 건강 문제였다.

효심이 지극한 은혜 씨는 간암수술을 받은 시어머니가 퇴원하자 모시게 되었다. 그 후 암이 다른 부위로 전이되어 모두를 긴장시키는 일이 생겼지만 '감사합니다'를 반복하는 동안 호전되었다. 자신이 하는 일은 말할 나위가 없고 자신의 주변에까지 여러 가지 감사할 일이 생겨난 것이다.

자신에게 좋은 변화가 오기를 기다리기 전에 '감사합니다'를 암송해보자. 감사할 때 감사할 일이 나타나고 원망하면 원망할 일만 나타난다. 나의 입에서 나오는 말이 곧 기도이기 때문에 말을 바꾸면 세상이 바뀌는 것이다.

감사의 힘 50

01. 부모에게 감사하라. 그 분은 나의 후견인이요 창조주다.

02. 감사하면 감사할 일이 생겨난다. 밥을 먹듯이 감사하라.

03. 아침마다 하루 분량의 생명을 얻는다. 감사, 감격, 감동으로 수용하라.

04. 자부심이 강한 사람은 감사의 달인이다. 행운의 여신과 손을 잡아라.

05. 시련에 감사하라. 아픔을 통하여 완성의 길을 찾게 된다.

06. 감사의 친구가 되어라. '친구 따라 강남 간다'는 말도 있다.

07. 밥을 보면 감사하라. 밥은 하늘이 내려준 생명의 원소다.

08. 물을 한 모금 마시고도 감사하라. 물의 성분까지도 달라진다.

09. 더운밥과 찬밥을 가리지 말라. 뱃속에 들어가면 찬밥도 더운밥이 된다.

10. 믿는 신에게 감사하라. 불철주야 나를 인도하는 분이다.

11. 감사의 말이 몸과 마음을 치유한다. 감사에 나를 맡겨라.

12. 감사하는 사람은 장수한다. 면역세포가 백 배 증가하기 때문이다.

13. 힘들면 감사하라. 어려움은 극기력 향상의 훌륭한 스승이다.

14. 실패를 피하려 하지 말라. 실패는 성공의 어머니다.

15. 피해를 입었어도 웃어 넘겨라. 가해자가 안 된 것만도 천만다행이다.

16. 도둑을 맞아도 감사하라. 목숨을 뺏기지 않은 것만 해도 행운이다.

17. 물건을 잃었다고 속상해하지 말라. 양심이 남아 있음에 긍지를 가져라.

18. 욕을 먹으면 기뻐하라. 행실에 이로운 보약이다.

19. 병이 나면 감사하라. 몸조심하라는 하늘의 신호다.

20. 운전 중 딱지를 떼이면 감사하라. 교통경찰이 내 생명을 지켜준 것이다.

21. 언제나 좋은 날이다. 비가 오면 만물이 잘 자라고 날이 개면 상쾌하다.

22. 책을 펴면서 감사하라. 좋은 책은 인생의 내비게이션이다.

23. 미운 사람에게 감사하라. 감사 분량을 키워주려는 신의 배려다.

24. 건강하려면 감사하라. 스트레스도 감사함에 편입된다.

25. 남을 돕는 것은 복을 짓는 일이다. 복을 짓는 일에 동참하라.

26. 즐겁게 일하라. 즐거움은 살아서 경험하는 천국이다.

27. 쉴 수 있는 공간에 감사하라. 밤마다 나를 편안한 세계로 인도한다.

28. 차를 탈 때 감사하라. 몇 시간 걸려서 갈 곳을 한달음에 데려다준다.

29. 자녀가 꼴찌를 해도 감사하라. 이제 올라갈 일만 남아 있다.

29. 돈 쓸 곳이 있음에 감사하라. 돌고 돌 때 돈도 생명을 얻는다.

30. 빚이 있어도 당당하라. 빚도 재산이고 능력이다.

31. 불행 중 다행은 있어도 다행 중 불행은 없다. 불행 앞에 감사하라.

32. 천지만물에 감사하라. 그들은 다른 모습의 동창생이다.

33. 좋은 친구에게 감사하라. 나에게 가장 큰 자산이다.

34. 좋은 말씀에 감사하라. 좋은 말씀은 영혼의 양식이다.

35. 인맥은 감사함을 바탕으로 자라난다. 자신을 되돌아보자.

36. 손은 안아주라고 앞에 있는 것이다. 뒤에 손이 없음에 감사하라.

37. 두 다리가 있음에 감사하라. 한 개의 다리로 힘들게 걷는 사람도 많다.

38. 눈과 귀가 있음에 감사하라. 보지도 듣지도 못하는 사람이 백만 명이나 된다.

39. 시련은 삶의 필수과목이다. 연마함으로써 교만을 겸손으로 변화시킨다.

40. 불평하지 말라. 그것은 독배를 마시는 것과 같다.

41. 감사의 안경을 쓰면 모두 감사할 것뿐이다. 안경을 바꿔 써라.

42. 부부싸움도 쓰다듬어주면서 하라. 늙으면 그것도 추억이 된다.

43. 위하는 마음으로 헤어져라. 그동안 살아준 것에 대해 감사하라.

44. 깨우침을 주는 글에 감사하라. 글 하나가 나의 삶을 바꿔놓는다.

45. 만나는 사람마다 감사하라. 감사의 전도가 세상을 바꾼다.

46. 단지 성경과 불경을 읽는다면 아무 소용이 없다. 감사함의 터널을 먼저 지나라.

47. 장의차를 보면 감사하라. 선배가 나에게 메시지를 보내고 있다.

48. 감사의 말은 가장 강력한 기도다. 주위의 모든 사람이 복을 받는다.

49. 날마다 감사할 일을 다섯 개씩 써라. 하늘의 축복이 나에게 임한다.

50. 죽을 때도 감사하라. 천국의 비자는 저절로 나온다.

꿈을 이루게 하는 주문

높은 목표는 막연하게 원한다고 이뤄지는 것이 아니다. 간절한 바람이 마음속 깊은 곳에 도달할 정도가 되어야 한다. 강한 결심의 바탕을 만들려면 반드시 이룰 수 있다고 믿어야 한다. 생각의 강도가 강하면 강할수록 빠르게 변화되고 행동이 따르게 된다.

〈앉으나 서나 당신 생각〉이라는 노래나 〈자나 깨나 불조심〉이란 표어처럼 항상 간절하게 원하며 마음속에 깊이 새기면 그 생각이 잠재의식에까지 침투하고 이때부터 강력한 에너지로 변하는 것이다. 숭늉처럼 미지근해서는 안 된다. 커피처럼 뜨거운 열기가 필요하다.

책을 읽을 때 대부분 눈으로만 읽는다. 이렇게 눈으로 읽으면 그 내용이 기억에 절반 정도밖에 저장되지 않는다. 나는 어려서부터 좋은 글은 열 번, 백 번도 읽었다. 또한 소리를 내어 읽었는데 지금도 초등학교 때 배웠던 중요한 내용들은 확실히 기억하고 있다.

나는 학생들을 지도할 때 보고 쓰고 읽으라고 한다. 이렇게 하면 거의 100퍼센트 가까이 입력이 된다. 이런 방식으로 영어를 배운 학생들은 꿈도 영어로 꾼다. 꿈을 영어로 꿀 정도면 이미 성공한 사람이다.

가난했던 시절, 가난한 집 딸들에게는 배움의 기회가 주어지지 않았다. 자녀들은 모두 훌륭하게 공부시켰지만 자신은 무지하여 소외감과 답답함을 느끼는 여성들이 너무 많다. 이런 여성들을 위해 이선재 교장은 양원주부학교를 만들어 이들에게 배움의 기회를 주고 있다.

양원학교에서는 초등학교 과정과 중·고등학교 과정을 각각 일 년에 마치게 지도한다. 상식적으로 보면 불가능한 얘기다. 고등학교 과정을 마친 사람들은 거의 대학에 진학하는데 그중에 상당수가 장학생으로 합격을 한다.

그 비결은 '주문 외우기'이다. 양원학교에 입학하면 자나깨나 외우라는 주문을 받게 된다.

태산수고시역산泰山雖高是亦山, 태산이 높다 하되 하늘 아래 뫼이로다.

등등불이유하난(登登不有何難), 오르고 오르면 오르지 못할 까닭이 없건대

세인불긍노신력(世人不肯勞身力), 사람이 제 아니 오르고

지도산고불가반(只道山高不可攀), 뫼만 높다 하더라.

지은이는 조선시대 양사언(陽士彦)이다.

위의 시조는 우리의 옛 시조다.

이 시조를 외울 때 입으로만 외우는 것이 아니다. 자신이 정말로 태산에 오르고 있는 것을 마음속에 영상화하는 것이다. 자신이 오르고 있음을 깨달을 때부터 놀라운 집중력과 자신감이 마치 신념처럼 불붙는다.

양원학교에서는 영어를 통문장으로 외우게 한다. 그렇게 하다보니 6개월 정도면 외국인들과 대화가 가능하다.

초등학교에서 대학 졸업까지 16년간 영어를 배우지만 외국인이 옆에 오면 대부분 슬슬 피한다. 무엇을 물으면 대답할 자신이 없기 때문인데 양원학교 학생들은 외국인이 보이면 오히려 쫓아가서 말을 건다. 자신감이 그렇게 무서운 것이다.

여기서는 한자 급수 시험제도를 활용한다. 졸업할 때까지 대부분 3천 자를 익히게 된다. 지금까지 내려온 교육 방식으로는 불가능한 얘기들이다.

인간에게는 무한한 능력이 잠재되어 있다. 이것을 활용하는 사

람은 승리자가 되고 활용하지 못하는 사람은 모습만 인간으로 끝나 버린다. 우리도 양원학교처럼, '태산이 높다 하되'를 함께 외워보자.

태산이 높다 하되 하늘 아래 뫼이로다.
오르고 오르면 오르지 못할 까닭이 없건대
사람이 제 아니 오르고
뫼만 높다 하더라.

강도에게 술 얻어먹은 이야기

> 66

살다 보면 별의별 일이 벌어진다. '감사합니다'라는 말 쓰기 캠페인을 수십 년간 하다 보니 나도 모르게 '감사합니다'가 저절로 입에서 튀어나온다. 그래서인지 버스를 타고 내릴 때마다 운전기사에게 '고맙습니다' 하고 깍듯이 인사를 한다. 음식점에서 나올 때도 '감사합니다'란 말이 자연스럽게 나온다. 아름다운 꽃을 보아도 역시 마음이 활짝 열려 꽃에도 '고맙다'는 말을 해준다. 이래서 나와 가까운 사람들은 나를 '땡큐 티처'라고 부른다.

한번은 중요한 일을 마치고 느지막하게 집에 돌아오는데 누군가 뒤따라오고 있었다. 나는 같은 동네 주민이겠거니 하고 생각했는데 허리에 칼을 들이대며 "돈 내놔." 하는 것이 아닌가. 엉겁결에

"감사합니다"가 저절로 튀어 나왔는데 내가 잘못 들었는지 알고 그는 "나는 직업이 강도입니다"라고 하고는 자기도 우스웠는지 폭소를 터뜨렸다. 나도 그 모습을 보고 웃음을 참을 수가 없었다. 서로 이렇게 웃다 보니 마음에 교감이 생겼다.

"제가 강도라고 하는데 무섭지 않습니까?"
"당신은 선량해 보이는데 무섭기는요."
"다른 사람들은 강도라고 하면 벌벌 떨며 목숨만 살려 달라는데……."
"솔직히 나는 재미있다고 생각했습니다."
"그런데 선생님은 어떤 일을 하십니까?"
"평생 방송과 강연을 하며 살고 있는데 신문과 잡지에 글을 쓰지요."
"어쩐지 낯이 익다고 생각했습니다. 글은 언제 쓰십니까?"
"대부분 밤에 씁니다."
"이것도 인연이군요. 술이나 한잔 합시다. 물론 제가 쏘겠습니다."

그날 꽤 많은 대화를 나눴다. 이제 자식도 커서 이 일을 그만두려고 하지만 '배운 게 도둑질'이라 손 떼기가 쉽지 않다는 푸념을 했다. 나는 그를 모델로 '도둑에게 배우는 50가지 성공법'을 만들었다. 도둑은 분명 사회악의 하나이다. 그러나 그 의식의 밑바탕에는 우리보다 훌륭한 점도 얼마든지 있다.

도둑에게 배우는 성공법 50

우리나라 역대 대통령에 대하여 좋게 말하는 사람은 그리 많지 않다. 열 번을 잘해도 한 번 잘못하면 죄인 취급을 하는 것이다. 애국가를 작곡한 안익태 선생, 소설가 이광수 선생, 한국무용으로 세계에 이름을 떨친 최승희 씨도 친일파로 분류된다. '털어서 먼지 안 나는 사람 없다'는 속담을 되새기자. 눈에 보이지 않는 먼지가 사람은 아니다. 언제나 사람이 주체가 되어야 한다. 도둑을 모델로 시각 바꾸기 연습을 해보자. 시각을 달리하면 이들도 훌륭한 스승이다.

01. 가족애가 투철하다. 내 몸의 안위를 돌보지 않고 가족을 위해 목숨을 던지는 직업인이다.
02. 모두가 저주하는 직업이다. 누가 뭐라고 해도 신경 끊고 일터로 떠난다.
03. 한 치 앞을 내다보기 힘든 위험한 지경이다. 그래도 할 일이 있음에 감사한다.
04. 보험 가입도 안 되는 척박한 업무다. 그러나 그 일에 목숨을 건다.
05. 경보기, CCTV, 경비견, 경찰의 위협이 끊이지 않는다. 그렇다고 비겁하게 포기하지 않는다.
06. 도둑도 인간이라 밤이면 사랑이 그립다. 그러나 허벅지를 꼬집으며 일에 전념한다.
07. 남들은 주말에 휴식을 즐긴다지만 그림의 떡이다. 365일 전천후로 근무한다.

08. 그래도 부모님 제삿날은 휴무일로 정한다. 지극한 효심이다.

09. 한번 점을 찍으면 포기하는 법이 없다. 성공할 때까지 도전 또 도전한다.

10. '노세 노세 젊어서 노세'는 금지곡이다. '밤이 밤이나 낮이 낮이나'가 애창곡이다.

11. 틈만 나면 운동을 한다. 힘이 없어지면 이 일도 못함을 알기 때문이다.

12. 숱한 실패를 겪어도 결코 포기하는 법이 없다. 패자부활전을 떠올리는 것이다.

13. '못 먹어도 고~'는 어림없는 일이다. 수없이 도상훈련을 하고 작업에 임한다.

14. 아내에게조차 비밀을 요하는 특수임무. 왼손이 하는 일을 오른손이 모르게 한다.

15. 자식에게도 자기 직장을 떳떳하게 말하지 못한다. 그래서 실적만 보여 준다.

16. 병이 들어 입원해도 한가롭게 누워 있는 법이 없다. 여기도 이들에게는 일터가 된다.

17. 이들도 신앙은 있다. 급하면 하나님, 부처님, 조상님을 찾는다.

18. 작업 전에 성공을 기원하는 기도를 한다. 기도의 힘을 믿는 것이다.

19. 망보기, 털기, 운반하기 등 나눠서 일을 한다. 역할분담으로 효율을 높이는 것이다.

20. 수입을 독식하는 법이 없다. 원칙에 따라 공정하게 분배한다.

21. 도둑질이란 말은 기분 나쁘다. 도사盜師나 도인盜人도 있다. 명칭 개정을 국회에 청원하고 싶다.

22. 마음이 긍휼하다. 없는 집은 결코 털지 않는다.

23. 직장인들은 상사를 우습게 안다. 그러나 이들은 상위 스폰서를 하나님처럼 대한다.

24. 파트너도 내 몸처럼 아낀다. 뜨거운 인간애의 발로다.

25. 최고 직급자가 별세하면 40일간 명복을 빈다. 선배를 부모처럼 여기는 것이다.

26. 이들의 세계에도 예절은 있다. 동업자에 대하여는 결코 비방과 험담을 하는 법이 없다.

27. 우리만 가훈이 있는 것이 아니다. '세상은 넓고 할 일은 많다'가 이들의 가훈이다.

28. 때가 되면 바캉스를 떠난다. 그러나 가족은 휴가를 즐길지라도 자신은 휴가지에서도 출장 근무다.

29. 국내 무대에만 만족하지 않는다. 외화 획득을 위해 해외원정도 서슴지 않는다.

30. 관할구역이 철저하다. 남의 구역은 결코 넘보지 않는다.

31. 도둑에게도 급수가 있다. 더 높은 급수로 오르려고 열심히 노력한다.

32. 항상 위험이 도사리고 있다. 그러나 맞아 죽을 각오로 일에 임한다.

33. 썩은 정치인들을 우습게 안다. 그들의 집을 먼저 표적으로 삼는다.

34. 동료가 수감되면 외면하지 않는다. 순번을 정해 면회도 가고 사식도 넣어준다.

35. 동료에게 일이 생기면 가족까지 책임져준다. 뜨거운 동료애다.

36. 사람들은 보통 부정적인 말을 자주 한다. 그들은 '재수에 옴(?) 붙을까

봐' 부정적인 말을 입 밖에도 꺼내지 않는다.

37. 이들도 양심은 있다. 후회될 때는 우편으로 반성문과 함께 보상하고 용서를 빈다.

38. 서두르지 않는 인내심이 있다. 때를 기다려 적시 안타를 날린다.

39. 매스컴은 자신들을 교활하고 흉악하게 묘사한다. 그래도 화를 내거나 데모도 하지 않고 웃어넘긴다.

40. 자신들을 홍길동이나 일지매와 같은 혈통이라고 생각한다. 그래서 더욱 자랑스럽게 느낀다.

41. 경찰서에 잡혀 가도 기죽지 않는다. 형사의 주머니를 털며 기술을 자랑한다.

42. 투철한 동료애가 있다. 고문을 당해도 동료에 대한 불리한 말은 결코 하지 않는다.

43. 교도소에 들어가서도 노는 법이 없다. 날마다 머리를 맞대고 신기술을 습득한다.

44. 한번 동지는 평생 동지다. 출감 후 똘똘 뭉쳐 동업하는 애틋한 우정이 있다.

45. 정보가 돈이다. 그러나 동업자에게 아낌없이 전해주는 의리가 있다.

46. 시간이 나면 〈쇼생크 탈출〉, 〈광복절 특사〉 등을 본다. 자신들의 다큐멘터리로 알기 때문이다.

47. 노후를 대비하여 열심히 저축을 한다. 있는 대로 쓰고 쫄쫄 굶으며 고생하는 사람을 불쌍하게 생각한다.

48. 소득신고를 하고 싶어도 받아주는 창구가 없다. 그래서 법 개정을 애

타게(?) 기다린다.

49. 업무가 바빠 가족과 보내는 시간이 부족하다. 그것을 가족에게 못내 미안하게 생각한다.

50. 작업이 끝나도 흩어지지 않는다. 반드시 문제점과 성과에 대해 평가한 다음 해산한다.

첫인상 좋게 만들기

남녀 간에는 대부분 첫눈에 서로 반해서 사랑하고 결혼한다. 첫인상이 각인되는 데는 3초가 걸린다고 해서 '3초의 법칙'이란 말도 있다. 심리학자이자 커뮤니케이션을 연구하는 앨버트 메라비안 교수는 커뮤니케이션에서 체형, 표정, 옷차림, 태도, 제스처 등 외향적인 요인이 55퍼센트, 목소리 등 청각적인 요소가 38퍼센트, 언어적 요소인 말의 내용이 7퍼센트의 영향을 미친다고 발표했다. 첫인상이 결정되는데 비언어적인 요소가 90퍼센트 이상을 좌우한다는 얘기다.

첫인상으로 대부분을 판단하고 이미지가 결정되는데 여기에는 상대방의 행동예측까지도 포함된다. 경험적 지식과 외모에 관련된 수많은 정보를 순식간에 총동원하여 몇 초 안에 '호감'과 '비호감'이 결정지어지는 것이다. 이렇듯 첫인상은 짧은 시간 내에 무의식중에 형성되는데 첫인상이 잘못 입력되면 좋은 면까지 거부하게 되는 현상을 '초두효과'라고 한다.

첫인상이 좋지 않게 전달될 경우 좋은 인상으로 만회하려면 최소한 40시간을 투자해야 한다는 실험 결과도 있다. 성형수술은 대부분 여성이 받는다고 생각을 한다. 최근엔 취업에 점수를 조금이라도 더 얻으려는 남성 고객들도 늘어나고 있다고 전해진다. 비호감을 호감으로 바꾸기 위해서다.

성형 후에 자신감이 생기고 콤플렉스를 극복한 사람들도 많다. 무리가 되지 않는 범위에서 긍정적인 외적 변화를 도모하는 것이 옳은 판단일 것이다. 또한 성형수술로 얻을 수 있는 것은 잠깐의 행운이지 진정한 인간적 승리와 지속적인 기회는 아니다. 첫인상은 내면적 성찰을 통해 삶에 대한 근본적인 태도를 바꾸는 것에서부터 아주 서서히 변할 수 있다.

그러나 좋은 첫인상을 바라는 것보다 그에 걸맞은 내면적인 요소를 갖추는 것이 더욱 중요하다. 내면의 세계가 변하지 않으면 어느 순간 본성이 나타나게 되며 오히려 역효과가 나타나기도 한다.

에이브러햄 링컨의 말에 귀를 기울일 필요가 있다.
"사람은 40세가 되면 자기 얼굴에 책임을 져야 한다."

얼굴이란 눈이 어떻고 코가 어떻고를 말하는 것이 아니다. 결론적으로 얼굴은 인상이라고 말을 하는 것이 옳다. 시간의 흐름에 따라 마음의 상태가 표출되는 것이 인상이다. 마음이 온화한 사람은 말씨도 따뜻하게 나오는 데다 누구에게나 편안한 마음이 전달된다. 그러나 쌀쌀맞은 사람은 얼굴을 아무리 뜯어고쳐도 느낌은 변하지 않는다. 그래서 '관상 불여심상觀相不如心相'이라고 했다.

아무리 관상이 좋아도 마음의 상만 못하다는 얘기다. 긍정적인 마음과 웃는 얼굴이 최고의 인상 개선법이다. 좋은 첫인상이란 얼굴에 환한 미소를 띤 채 부드러운 눈빛으로 따뜻한 말 한마디를 하는 것에서부터 시작된다.

참아야 하느니라

'인내는 쓰다. 그러나 열매는 달다.' 청각장애를 이겨내고 악성이 된 베토벤의 말이다. 사람들이 프로선수를 존경하는 것도 수많은 난관을 극복하고 그 분야에서 최고가 되었기 때문일 것이다. 세계적인 스테디셀러 『마시멜로 이야기』의 토대가 된 '마시멜로 법칙'의 실험을 살펴볼 필요가 있다.

스탠퍼드 대학 월터 미셸 박사가 대학 부설 유아원 어린이 653명을 중심으로 다음과 같은 실험을 했다.

"눈앞에 마시멜로가 있지요? 15분을 먹지 않고 참는 사람에게는 더 큰 포상을 주겠어요."

그러나 참가자 중 30퍼센트만 참을성 있게 견뎌냈다. 반면 대부분의 아이들이 유혹을 견딘 평균 시간은 3분이며 일부는 30초도 지나지 않아 마시멜로를 먹어버렸다고 한다. 15년이 지난 1981년에 앞의 실험에서 기다린 그룹과 기다리지 않은 그룹을 대상으로 문제해결 능력, 계획수행 능력, SAT(미국 수능시험) 점수 등을 조사해보았다. 그랬더니 15분을 기다렸던 아이들은 30초를 못 넘긴 아이들보다 SAT 평균점수가 210점이나 높았고 모든 분야에서 훨씬 우수하다는 점을 발견하게 되었다. 그 아이들이 모두 성인이 된 지금, 그들은 어떤 삶을 살고 있을까 생각해보자.

시사주간지 《뉴요커》는 최신호에서 이렇게 밝혔다.

최근 마시멜로 법칙의 후속 연구가 한창이다. 그때 기다린 그룹은 현재도 '성공한 중년의 삶'을 살고 있었다. 반면 기다리지 않은 그룹의 아이들은 비만이나 약물 중독의 문제점들을 안고 있다는 것을 발견했다. 이 결과는 지능지수를 통한 구분보다도 정확했으며, 인종이나 민족에 따른 차이는 없었다.

캐럴린은 스탠퍼드 대학을 나온 뒤 프린스턴 대학에서 사회심리학 박사 학위를 받았다. 현재 퓨젯사운드 대학 교수로 재직 중이다. 실험에 함께 동참했던 참을성이 없었던 한 살 위의 오빠 크레이그는 안 해본 일이 없을 정도로 힘든 삶을 살고 있다고 한다.

《뉴요커》에서도 이를 대서특필했다.

작은 차이가 큰 차이를 만든다. 단순히 마시멜로를 먹고 안 먹는 것의 차이가 아니다. 그들은 욕구를 '조절'했다고 보도했다. 두 개의 마시멜로를 먹기 위해 순간의 마시멜로 한 개를 참아낸 아이들은, 청소년이 된 이후에도 TV를 보지 않고 SAT 공부를 한다. 또한 직장인이 된 이후에도 구입하고 싶은 것을 참고 은퇴자금을 모은다. '자기통제'가 성공의 지름길이라는 것이 마시멜로 법칙의 메시지다.

부부간에도 참을성이 있는 사람은 어려워도 격려하고 힘을 북돋워 주는데 참을성이 없는 사람은 별문제가 아닌 것에도 화를 내고 충돌한다.

나는 요즘 결혼 적성검사표를 만들고 있다. 이 검사에 통과된 사람만 결혼을 하도록 하자는 운동을 벌이기 위해서다. 평생을 함께 하려면 능력이나 재산보다는 인내심처럼 중요한 것도 없다. 이혼한 사람 중의 80퍼센트가 3년 안에 재혼을 한다. 그중에 70퍼센트는 3년 안에 또 이혼을 한다. 결혼은 판단력 부족, 이혼은 인내심 부족이란 말도 있다. 옛 어른들의 말이 귀에 쟁쟁하다.

"참아야 하느니라."

참을 인忍자가 세 개만 있어도 살인을 면한다는 말도 있다. 부자가 된 동창 중의 한 명은 쥐꼬리만 한 월급을 잘 관리해서 집도 사고 통장도 두둑하다. 많은 봉급을 받는 친구들도 있지만 그들은 언제나 헉헉거리며 살고 있다. 소득이 높은 사람은 하고 싶은 것 다 하고 쓰고 싶은 것을 다 쓰지만 소득이 적은 사람은 오히려 왕소금이 되어 있다. 이 친구의 부자비법은 아주 간단하다. '셈 치고 살아가기'다.

"뭔가 먹고 싶은 것이 있을 때는 먹은 셈 치고, 구경하고 싶은 것이 있어도 구경한 셈 치고, 입고 싶은 옷을 보면 입은 셈 치고 살았지요. 지금까지 술과 담배를 입에 대지 않은 것은 물론이고요. 셈 치고 살았기 때문입니다. 어떤 유혹이 있을 때는 마라톤을 합니다. 숨이 막힐 정도로 뛰다 보면 참을성을 기르는 데는 최고입니다."

바람둥이 남편 이야기

　여자들이 감당하기 힘든 것이 남편의 바람기이다. 다른 것은 모두 참아도 남편의 바람기에 대해 참기 힘든 것은 자존심에 상처가 생기기 때문이다. 어떤 주부는 남편이 여자 문제로 몹시 속을 썩이자 더 이상 남편과 살지 않겠다고 결심한 후 바람난 여자에게 2백만 원을 주며 남편을 아주 데려가라고 했다. 40년이 넘은 얘기이고 보면 그때의 2백만 원은 상당히 큰 재산이었다. 그런데 3개월도 못 되어 그 여자가 2백만 원을 돌려주면서 말했다.

　"2백만 원이 아니라 2천만 원을 줘도 못살겠습니다. 어떻게 이런 남자와 여태껏 사셨지요. 정말 존경스럽습니다."

　백화점 물건만 반품되는 것이 아니라 남편도 반품이 된 것이다. 그러나 시간과 공간을 초월하여 남편의 바람은 여전히 존재한다.

아는 후배의 얘기다. 이 친구 역시 바람기에 둘째가라면 서러울 정도여서 외박하는 날이 집에서 자는 날보다 많았다. 직장에서도 자신의 바람기에 대해 무용담처럼 자랑을 하고 다녔다. 어느 날 술에 취해서 집에 들어갔더니 안방에서 아내가 촛불을 켜놓고 열심히 기도를 하고 있었다. 도대체 무슨 기도를 그렇게 열심히 하는가 하고 귀를 기울여 보니 '인간도 아닌 놈을 빨리 데려가 달라'는 내용이더라는 것이다. 화가 난 친구는 당장 뛰어 들어가 난리를 피울까 하다가 슬그머니 밖으로 나와 분한 듯 씩씩거렸다고 한다.

  위에서 보는 것처럼 상대가 조금만 잘못을 저질러도 쉽게 흥분하면서도 정작 자기 잘못은 생각하지 못하는 것이 인간이다. 정신과 의사들은 이런 현상을 성장과정에서 생긴 애정결핍 때문이라고 설명한다.
  "좋을 때나 궂을 때나 서로 사랑하며 평생을 함께할 부부가 되겠습니까?"
  너나없이 "네" 하고 합창하듯 대답하지만 일 년 안에 절반이 갈라선다. 이혼과 재혼을 습관처럼 반복하는 사람도 있어 이것은 어느 가정의 문제이기보다는 사회적인 병리현상의 하나로 볼 수 있다.

  며칠 후 그 후배가 죽었다고 메모가 되어 있어 연락해 보니 그 친구가 죽은 것이 아니라 멀쩡하던 그의 아내가 세상을 떠난 것이었다. 사람들은 다급해지면 너나없이 기도를 하게 마련이지만 기도의 파동은 자기에게 먼저 영향을 미친다. 남 잘되라고 기도하면 내가 먼저 잘되고, 남 망하라고 기도하면 내가 먼저 망하는 것은 당연한 일이다. 그 후 6개월이 못 되어 후배도 불치의 병으로 심한 고통을 받다가 자살이라는 극단적인 행동을 취하고 말았다.

"미안해요", " 고마워요", " 사랑해요"란 세 마디 말만 배웠더라도 이 가정이 비극으로 마감하지는 않았을 것이란 생각이 든다. 위에서 말한 세 문장을 모르는 사람들은 언제나 두 눈을 부릅뜬 채 "네가 나한테 해준 게 뭐가 있어?", " 내가 눈이 삐었지", " 나가죽어라"라는 세 마디의 문장만을 즐겨 사용할 뿐이다.

잘될 거야, 샘

열 달 뱃속에서 키운 자식이 미울 수는 없겠지만 자식에게 악담을 잘하는 어머니도 있다. 그러면서도 악담이라고 생각하는 사람은 드물다. 어쩌면 조건반사 같은 언행일 것이다. 어려서 어머니에게 그런 말을 듣고 자랐기 때문에 자신도 모르게 복제되어 그런 말이 튀어나오는 것이다. 만일 자신이 한 말 때문에 자식에게 화가 닥쳐온다는 것을 미리 터득하게 된다면 혀를 깨물고라도 참을 것은 말할 나위가 없다.

A여인은 자식에게 툭하면 "이 빌어먹을 놈아"라고 하는 것이 입에 배어 있었다. 자식이 무엇을 잘못해서가 아니라 판소리를 할 때 추임새와 같다고나 할까. 주위에서 가만히 살펴보면 이런 말버릇을 가진 어머니는 예상보다 많다. 그래도 여인의 아들은 공부를 잘

하고 학교에서도 인정받는 학생이었다. 소위 일류라는 대학에도 단번에 합격했다.

그녀는 기쁨에 겨워 합격 통지서를 가지고 들어오는 자식을 끌어안고 감격하여 "이 빌어먹을 놈이 드디어 해냈구나"라며 펑펑 울었다. 아들은 대학을 졸업한 후 군대도 갔다 왔다. 그런데 고시에 집중하느라고 좋은 혼처가 나와도 결혼은 꿈도 꾸지 않았다. 고시는 꼭 실력만으로 되는 것이 아니다. 그는 운이 따르지 않아서인지 열다섯 번을 보았는데 모두 1차만 합격하고 계속 떨어졌다.

나이가 서른이 넘고 눈 깜짝할 사이에 마흔이 후딱 지났지만 백수생활을 면하지 못하고 있었다. 취업이라도 할까 하고 원서를 냈는데 면접에서 매번 떨어지고 말았다. 결혼을 하려고 해도 백수에게 시집을 오겠다는 여자가 있을 리 없었다. 부모가 살아 있을 때는 그래도 부모에게 의지해 살았다. 그러나 부모가 세상을 떠나고 그들이 남긴 유산마저 모두 까먹은 후에야 그는 나를 찾아왔다.

"이제 어떻게 하면 좋겠습니까?"

진정으로 해줄 답변이 궁했다. 워낙 안돼서 위로하기 위해 술이나 한잔 하자며 데리고 나갔다.

"당신은 인상도 좋고 실력도 있는데 왜 안 풀리는지 이해가 안됩니다. 지나온 얘기를 들어봅시다."

이럴 경우 상대방은 말을 하고 나는 몇 시간이고 듣는 데만 열중을 한다. 그런데 얘기 중에 바로 '이 빌어먹을 놈'이란 말을 하루에도 열두 번은 더 들었을 것이라는 얘기를 듣고 무릎을 탁 쳤다.
"알았습니다. 바로 그것 때문입니다. 그 말이 업보가 되었군요."
그도 어머니를 닮았는지 툭하면 '빌어먹을'이 입에서 튀어나왔다. 면접 중에도 그 말버릇 때문에 번번이 낙방되었을 것은 말할 나위가 없다. 악담이 악한 결과를 불러오는 것은 자명한 일이다.
"그럼 어떻게 하면 풀어지겠습니까?"
"말의 습관을 고치고 열심히 봉사를 해보세요. 당신 정도의 실력이면 어려운 이웃에게 무료로 과외 지도도 할 수 있을 것이라고 생각합니다."

그 뒤에 그는 주민센터로부터 무료로 과외 지도할 곳을 소개받았다. 열심히 한 결과, 잘 가르친다고 소문이 나기 시작했다. 운명을 바꾸기 위해 목숨을 걸고 가르친 결과였다. 어느 날 서울 강남의 한 유명학원 관계자가 찾아와 자기 학원에 와서 지도해줄 수 있겠느냐고 제의를 했다. 지금은 유명강사가 되었을 뿐 아니라 좋은 혼처가 있어 결혼한 후 뒤늦게 알콩달콩 살아가고 있다.
이 친구는 '빌어먹을'에서 '잘될 거야'로 말버릇을 고쳤으며, 강남 학원가에서 '잘될 거야, 샘'이라면 모르는 사람이 없을 정도가 되었다.

당신도 10억 원의
주인이 될 수 있다

책을 펴낼 때마다 나는 가능하면 부록을 만들어 넣는다. 이왕이면 다홍치마라고 독자의 손에 조금이라도 더 기쁨을 안겨주고 싶었기 때문이다.

『아이디어로 돈을 법시다』에서는 돈을 벌 수 있는 새로운 아이디어 150여 개를 만들어 제시했다. 그 후 일 년 안에 150개 중 절반 이상을 상품화했다. 그중에 100만 원권을 만들어 파는 것인데 기존의 만 원에 0을 몇 개 더 넣어 100만 원짜리를 만들기도 했다. 그리고 만 원짜리를 그대로 확대 복사하여 상품화하였다. 사람들은 이것을 장난 삼아 구입해 선물하기도 하고 자기 집에 붙여 놓기도 했다. 길거리에서 불티나게 팔려나가는 것을 보고 미소를 지었다. 하나의 아이디어가 나오면 유사한 것이 계속 나오게 되는데 그것도 좋은 현상이다.

그 뒤에 『119 성공구조대』를 펴냈다. 이 책은 119가지의 성공법을 모은 책으로 표지는 119 구조대 의상을 빌려 입고 내가 직접 등장했다. 책에는 1억 원짜리 수표가 부록으로 들어가 있다. 은행에 가서 1억 원짜리 수표를 빌려 인쇄를 했는데 발행자를 나의 이름으로 하고 책에 붙여서 만들었다. 사람들은 이 책을 선물하면서 "1억 원이 들어 있으니 소중하게 보관하라"고 농담도 하고 어떤 친구는 그 수표를 지갑에 넣고 다니며 자랑도 했다고 한다.

마음속으로 "나는 1억 원이 있다"라는 말을 외우며 수시로 그 수표를 보면 어느 순간 진짜로 변한다는 설명도 덧붙였다. 그것이 바로 시각화라는 것이다. 그런데 일 년이 지났을까. 한 여성으로부터 전화가 왔다. 그 여성은 내가 쓴 책은 거의 사서 읽고 남에게도 추천하는 팬이라고 했다. 그런데 꼭 만나서 함께 식사라도 하고 싶다고 간곡히 부탁해서 만나게 되었다.

이 여성은 119 성공구조대가 너무 좋아 많은 친구들에게 선물을 했다. 그중 한 친구에게 뜻밖에도 1억 원이 생겼다는 것이다. 친구에게서 감사 표시로 선물을 받았는데 가만히 있을 수가 없어 나를 찾게 되었다고 설명했다.

지난 일들을 파노라마처럼 떠올리다 보니 재미있는 일도 꽤 많앉다는 생각이 든다.

사람들을 만나면 '시크릿' 얘기를 종종 한다.

"선생님의 저서도 모두 시크릿인데 요즘 미국에서 나왔네요. 선생님께서 원조가 아닌가요?"

'당신도 1억 원의 주인이 될 수 있다'고 나는 평생 동안 전파했다. 이제 당신도 10억 원의 주인이 될 수 있다. 마음에 확실한 영상을 찍으면 놀라운 변화가 나타난다. 수천 년 전 석가모니가 일체유심조一切有心造를 설법했고, '원하면 얻을 수 있다'고 예수도 말했다. 다만 믿고 행하느냐 아니냐는 자신의 책임이다.

나는 지금껏 살아오면서 원하는 것은 다 이뤄졌다고 자부한다. 이것은 누구에게나 해당되는 일이다.

'말 한마디로 천 냥 빚을 갚는다'는 말이 있다.

능력 못지않게 중요한 것은 바로 말하는 기술이다.

똑같은 상황에서도 말 한마디에 의해

하늘과 땅 차이의 결과를 보게 된다.

어떻게 말하는가는

당신이 어떤 사람인가를 말해주는 척도다.

2장

행복을 말하면 행복해진다

술 먹고
면접하기

　우리는 반찬은 골라 먹으면서도 말은 골라 하지 않는다. 내가 하는 말이 어떤 운명을 만든다는 것은 생각하지 못한다. 또 그동안 형성된 말버릇을 쓰는 데는 어려움이 없지만 고치려면 생각처럼 쉽게 되지 않는다는 것도 문제 중에 하나다.

　1970년대부터 기업체에서 신입사원 대상 강의를 했다. 강의 전에는 먼저 면접을 시작했다. 내가 쓴 책 중에 『인간판단』이 베스트셀러가 된 이유도 있겠지만 이상헌은 사람을 정확히 본다는 소문이 번지다 보니 여기저기서 부르게 된 것이다. 말하는 어투나 태도, 사용하는 용어, 보디랭귀지에다 독심술까지 섭렵했으니 그런 말이 나올 수도 있었겠다.

　누구나 많은 사람을 대하다 보면 그 사람의 심중을 꿰뚫어보는 것은 그리 어려운 일이 아니다. 명수사관은 대부분 프로 관상가 이상의 실력을 갖추고 있는데 모두가 경험의 소산이다. 사람을 잘 채용하면 기업이 살아나고, 잘못 쓰면 문을 닫아야 한다. 잘 뽑으면 인재人財지만, 잘못 뽑으면 인재人災가 되어버린다. 결혼 상대를 만나는 것도 다를 것이 없다.

그러다 보니 면접을 봐달라고 여기저기서 청탁이 오는데 정신을 차릴 수가 없었다. 방송하랴 여기저기 신문에 매일 연재하고 잡지기고란에 글을 쓰려면 몹시 바쁜 나날이다. 또한 계약된 책을 내야하고 주례도 서야 하며, 강연을 다니다 보면 몸이 열 개라도 부족할 정도다. 하루 3시간 이상 잠을 자 본 적이 없다. 어떤 날은 부산까지 차를 몰고 가서 밤 강의를 하고 새벽에 올라와 다시 강연을 한 일도 있다. 이때 나의 가장 큰 소망은 잠 한번 푹 자는 것이었다.

그 후로 나는 면접은 하지 않아도 면접 잘하는 좋은 아이디어를 냈다.

1. 출신학교나 성적은 무시하고 성품을 봐라. 공부를 열심히 한 사람은 성적이 좋겠지만 학교 성적이 부족하다고 해서 일하는 데 지장이 있는 것도 아니다.

2. 성적이 모자란 친구 중에 아이디어가 풍부한 사람도 있고 대인관계가 좋은 사람도 있다. 영업이나 특수 직종에 어느 학교냐 성적이 어떤가 하는 것은 웃기는 얘기다.

3. 우리나라 기업들은 명문대 출신 중심으로 뽑다 보니 지방대 출신들의 이력서는 읽어보지도 않고 쓰레기통으로 들어간다. 그중에 보석 같은 친구들도 있을 수 있다.

4. 사진을 보고 일단 뽑아라. 얼굴을 보면 대충은 알 수 있다.

5. 면접은 술집에서 하라. 함께 술을 마셔보면 대어인가, 송사리인가는 쉽게 평가될 것이다. 가족과 화목하고, 좋은 친구가 많은 사람은 후한 점수를 줘라.

6. 운이 좋았던 친구는 우선적으로 뽑아라. 좋은 운은 자기만 아니라 조직에도 영향을 준다.

7. 부정적이거나 얼굴이 어두운 사람은 뽑지 말라. 술값만 축낸다.

8. 잘 웃는 사람은 심성이 좋은 사람이다. 점수를 후하게 줘라.

9. 교양 있게 말하는 사람은 인격을 갖춘 사람이다. 대우해 줘라.

이렇게 해서 술집 면접이 시작되었는데 술을 마시면 자기도 모르게 본성이 나타날 뿐 아니라 만일 떨어졌어도 술까지 사준 회사를 욕하기는커녕 홍보대사 역할도 한다.

한번은 어느 화장품회사 신입사원 강의에 참석했는데 100퍼센트 지방대학 출신만 뽑아 놓았다. 이유를 물었더니 사장이 이런 말을 한다.

"IMF로 회사가 힘들었을 때 소위 명문대 출신들은 모두 나가버

렸지요. 그들은 갈 곳이 많기 때문에 회사 걱정은 하지 않고 자기 살길을 찾아 미련 없이 떠났지요. 그런데 지방대 출신들은 갈 곳이 없어 목숨을 걸고 회사 살리기에 매진했습니다. 이들이 아니었으면 우리 회사는 이미 문을 닫았을 겁니다. 그 후부터 우리 회사는 지방대학 출신만 뽑습니다."

  다시 말하지만 조직은 사람이다.
  된 사람을 뽑느냐, 난 사람을 뽑느냐는 회사에서 알아서 할 일이다.

일등 반
꼴찌 반

자녀는 부모를 잘 만나야 하고 부하는 상사를 잘 만나야 하며 선수는 감독을 잘 만나야 한다. 서로 잘 만나야 신세가 펴진다. 많은 대졸자들이 일류기업을 지망하여 재수, 삼수도 마다하지 않는다. 좋은 경영자와 좋은 상사를 만나면 자기 미래가 보장된다고 생각하기 때문이다.

S중학교는 한 학년이 10반까지 있다. 어느 학교나 각 반 담임은 자기 반 성적관리에 안간힘을 쏟는데 학년 초가 되면 성적을 올리려고 더욱 비상이 걸린다. 반 편성은 성적 중심으로 공정하게 하기 때문에 어느 반이 우수하고 열등하고는 있을 수가 없는데도 일등하는 반과 꼴찌 반은 평균 10점 이상 차이가 난다.

같은 선생님들에게 배우는데 왜 이렇게 차이가 날까를 오랫동안 추적 조사하다 놀라운 사실을 발견했다. 지난 해에 우수한 성적을 올린 담임이 맡은 반은 우수반이 되고, 성적이 부진했던 반의 담임이 맡은 반은 역시 성적이 부진하다는 사실이다. 결국 학생들의 문제가 아니라 담임의 문제라는 결론을 낸 것이다. 담임은 프로 스포츠 팀의 감독과 같다. 내가 아는 학교를 대상으로 조사했기 때문에 다 그렇다고 볼 수는 없을지 몰라도 참고할 가치가 있다고 생각한다.

일등 반 선생님의 특성

1. 잘 웃는다.
2. 학생들에게 인성을 가르친다.
3. 언어생활이 순화되어 있다.
4. 야단칠 일도 알아듣게 말한다.
5. 상과 벌이 확실하다.
6. 재미있는 얘기를 들려준다.
7. 학생들에 대하여 충분한 정보를 가지고 있다.
8. 학생과 수시로 전화나 메일을 주고받는다.
9. 칭찬을 잘한다.
10. 학생을 인격체로 대우한다.

꼴찌 반 선생님의 특성

1. 표정이 거의 없고 어둡다.
2. 감정의 기복이 심하다.
3. 부정적인 말을 많이 한다.
4. 성적만 강요한다.
5. 처벌을 강조한다.
6. 겁주는 말을 자주 한다.
7. 의욕이 없다.
8. 신경질적으로 짜증을 내거나 소리를 잘 지른다.
9. 학생을 무시하는 언사를 쓴다.
10. 마음에 안 드는 학생에게 공포심을 심어준다.

늦었다고 할 때가
가장 이른 때

꿈은 이루어진다. 소망은 이루어진다.

부드러운 것이 단단한 것보다 더 오래 간다. 늙으면 이는 빠져도 혀가 빠진 사람은 없다. 겸손한 사람이 오만한 사람보다 더 존경 받고 뒤로 한 발 물러나는 것이 앞으로 나서는 것보다 결국 앞서는 결과를 얻을 수 있다.

40여 년 전 한국에서 의류사업을 하다가 미국으로 건너간 진수 테리는 성공하려고 열심히 일했지만 7년간 일한 직장에서 해고를 당했다. 부당한 해고라며 상사에게 항의했더니 이런 말을 들어야만 했다.

"당신은 일 잘하고 학벌도 좋지만 너무 잘하려고 늘 긴장해 있기 때문에 얼굴에 미소가 없어요. 그래서 아랫사람들이 따르지 않아요."

 진수 테리는 이때부터 거울을 볼 때마다 표정 연습을 하며 많이 웃었는데 몇 달 안 되어 변화가 나타났다. 자신의 얼굴에 다양한 표정이 나타나고 국제 비즈니스 무대에서도 승리할 수 있다는 자신감이 생겼다. 그는 직원들에게 활력을 주고 즐겁게 일할 수 있도록 독려하는 경영자의 리더십에 관한 강연을 시작했다.

 그는 재미를 삶의 에너지로 바꿔 자발적인 참여와 헌신, 창의력 등을 이끌어내는 관리방식을 택했다. 때문에 직원들은 친근감과 사회성, 그리고 창의력을 갖추게 되었다. 더군다나 직장에서는 노사분규를 방지하고 집중력과 생산성을 높일 수 있게 되었다. 절대 위기에서 절대 기회로 전환하여 긍정적이고 적극적으로 일해 나쁜 일까지도 좋은 일로 유도하는 유명인사가 되었다. 그가 강조한 펀(FUN) 경영은 재미있게(funny), 독특하게(unique), 보살피기(nuturing) 등으로 이루어져 있다. 또한 펀 경영의 핵심 요소로는 자부심(pride), 신뢰(trust), 즐거움(fun) 등을 꼽는다.

 요즘 하늘 높은 줄 모르고 뜨는 직업이 예능 계통이다. 탤런트가 되려고 수십 번 넘게 시험을 보는 경우도 비일비재다. 대학시험은 많이 보아도 3수, 4수지만 탤런트 시험은 20~30회를 보는 일도 다

반사요. 예능계통의 고등학교나 대학이 수두룩한 것도 그만큼 지망자가 많다는 얘기다.

〈기쁨세상〉의 축제에는 주위 사람의 장점 100개를 쓰는 행사가 있다. 대부분은 열 가지도 쓰지 못하데 홍소리 교수는 세 명의 장점을 100개씩 써냈다. 이 정도라면 초긍정 마인드로 천 명 중 한 명에 속해 원하는 것은 무엇이나 이룰 수 있는 힘이 있다.

"하고 싶은 일이 뭐죠?"

"어려서부터 꿈이 선생과 가수였어요. 이제는 늦었죠."

"늦었다고 할 때가 가장 이른 때입니다."

홍소리 교수는 결심을 하고 생업인 가게를 닫고 딸과 같은 나이의 소녀들과 어울려서 대학까지 마쳤다. 교수들도 그의 뛰어난 천재성에 놀라 격려와 칭찬을 아끼지 않았다.

"홍소리 씨는 남을 기쁘게 하는 천재다"는 말을 듣고 자신감을 가졌다.

박지성 선수는 평발이지만 초등학교 일기장에 자신은 미래의 국가대표 선수라고 썼다는데 결국 국가대표가 되었다. 홍 교수도 가수와 선생이 꿈이었던 자신이 그렇게 되지 말라는 법이 없다고 생각했던 것이다.

끊임없이 긍정에 긍정을 더한 홍소리 교수는 정식으로 가수로 데뷔한 후 덕성여대와 경희대에 출강하여 후진을 양성하고 있으며, 많은 곳에서 봉사활동을 하며 날마다 즐겁고 행복한 날을 보내고 있다. 남을 기쁘게 해주다 보니 그 기쁨이 자신에게 돌아온 것이다.

당신은 오직 하나뿐인
소중한 존재

　내가 쓰는 칼럼에는 주로 사람이 등장한다. 다른 분들의 글에는 역사적 인물이나 유명인사가 등장하지만 나는 주로 주변 사람들이 주인공이다. 위인만 위대한 것이 아니라 보통사람도 알고 보면 대단하다는 것을 알기 때문이다.

　강연을 하러 갈 때 항상 렌터카가 제공된다. 나는 언제나 기사 옆 조수석에 앉아 얘기를 나누는데 이들에게도 우리가 본받아야 할 훌륭한 점이 많다. 효심, 가족사랑, 대인관계는 말할 나위가 없고 하는 일에 대한 열성도 대단해 당당히 등장인물이 되고 사표師表가 되어 목적지까지 가면서 그들에게 강의를 듣는 것이다.

　기업체 교육담당자, 민방위 훈련 교관, 전철에서 자리를 양보해준 초등학생, 회사 경비원, 내가 주례를 선 부부 역시 주인공으로 그동안 헤아릴 수 없이 등장했다. 누구나 자기 나름대로 훌륭한 점이 있지만 약점만 지적을 받다 보면 장점이란 단어조차 희미하게 잊혀지면서 이 세상을 한탄하기 마련이다.

한 렌터카 기사는 초등학교 4학년까지 마친 중퇴자였다. 워낙 못 배워 배움에 허기를 느껴 자기가 모시고 간 강사의 강의를 들으면서 녹음해 집에 가서도 또 듣는다. 그는 20여 년간 수많은 강사를 모시며 그 분들의 강의 내용을 거의 외울 정도여서 칼럼에 등장시켰더니 방송도 타고 강단에까지 서게 되었다.

자기 장점 찾기에 익숙해지면 남의 장점도 찾게 되지만 자기 약점에 집착하는 사람은 남의 약점 찾기에 혈안이 된다. 우리 사회가 힘들어지는 것도 바로 이런 문제에 원인이 있다. 이런 모든 것은 학벌 중심 세계에서 만들어지는 열등감이나 박탈감 때문이다. 학력이 부족하다고 인격이나 사랑이 모자라는 것은 아니어서 지식인이 갖지 못한 다른 장점을 가지고 있다.

나는 강의장에 들어가면 긍정적인 시각에서 진정한 자신을 발견하도록 한다.

자신의 장점 100가지 찾기

이때부터 강의실은 갑자기 활기를 띤다. 큰 장점만 장점이 아니라 작은 것도 확대하면 큰 장점이 되고 열등감이 자긍심으로 바뀐다. 나의 설명을 들은 사람들은 대부분 장점 100개를 쉽게 찾아 쓴다. 그 후부터 가정생활과 직장생활의 태도가 달라진다.

관점 바꾸기

약점과 장점은 손바닥의 앞뒷면처럼 함께 있다. 약점만을 지닌 사람도 없고 장점만을 가진 사람도 없다. 그러나 우리는 어느 한쪽만 보고 평가한다. 그러나 내가 보는 것만 보이게 마련이어서 약점을 보고 있는 동안 장점은 보이지 않는다. 나이가 많은 사람은 죄 없이 밀리지만 나이가 많다는 것은 풍부한 경륜과 지혜가 있다는 장점도 있다. 보는 시각과 관점을 달리하면 약점도 장점으로 변한다.

미운 사람 좋은 점 찾기

우리는 한번 미워진 사람은 평생 미워하며 나쁜 사람이라고 매도한다. 그러나 미운 것과 나쁜 것은 전혀 속성이 다르다. '미운 것'은 나의 마음 상태에서 나타나는 것이고 '나쁜 것'은 객관적인 평가다. 미운 사람에게서 좋은 점을 찾기는 힘들어도 나쁘다고 생각했던 사람의 좋은 점을 찾는 것은 어렵지 않다. 이렇게 하다 보면 보이지 않는 벽을 허무는 것은 어렵지 않다. 시각이 달라지면 인생이 달라지는 것이다.

서로 칭찬하기

마지막으로 둘씩 짝을 지어 서로 칭찬하도록 시키는데 청중들의 어둡던 얼굴이 갑자기 꽃처럼 활짝 피고 화기애애해진다. 칭찬은 고래도 춤추게 하는 것이다. 이 세상에 장점 없는 사람은 없다. 장점을 볼 때는 두 눈을 크게 뜨고 약점을 볼 때는 눈을 감아야 한다.

세상에 단 하나뿐인 당신은 천상천하유아독존天上天下唯我獨存이며, 유일무이한 존귀한 존재요, 보석처럼 빛나는 존재다.

식품도 말을 알아듣는다

한동안 강원도 정선에 살았던 된장 담그는 첼리스트 도완녀 씨는 된장을 숙성시키는 동안에 직접 첼로를 연주했다. 마당에 즐비한 된장 항아리에 그녀가 직접 연주하는 생음악을 들려준 것이다. 수차 방송과 신문, 잡지에서 화젯거리로 등장하여 모르는 사람이 없을 정도다. 이곳에서 생산된 된장은 맛과 영양이 풍부해 값은 비싸지만 없어서 못 팔 지경이었다. 고사에 쓰는 떡을 만들 때 부녀자들은 목욕재계를 하고 정성을 다해 만든다. 정성이 부족하면 떡이 설기 때문이다.

모차르트 음악을 온종일 틀어주며 일을 하는 회사도 있는데 제품의 질이 확실히 다르다고 한다. 과자를 만들면서 반복하여 "감사합니다"를 들려 줘 성공한 기업도 있다.

일본 상장회사 100개의 대주주이며, '다마고 보로TAMAGO BORO'라는 과자를 만드는 다케다 제과武田製菓의 경영주는 다케다 회장이다. 다른 경쟁사는 과자를 만드는 데 값싼 계란을 사용하지만 다케다 제과는 일반 계란의 세 배나 비싼 북해도산 토종닭의 유정란을 고집한다. 최고의 품질로 고객의 입맛을 사로잡아 시장점유율이 60퍼센트가 넘는데 과자를 만들 때 직원들이 과자를 향해 "감사합니다"라고 외치게 한다.

제품에 직원들의 행복한 마음과 정성을 불어넣는 것이다. 그는 하루에 3천 번씩 '감사합니다'라는 말을 외치라고 권하는데 감사하다는 말을 하면 금방 웃는 얼굴이 되고 그러면 운도 좋아진다는 것이다. '감사합니다'를 연속해서 3천 번 하는 데는 40분이 소요된다.

다케다 제과에서는 한 시간 동안 '감사합니다'라고 말한 직원들에게 급여와는 별도로 시간당 8천 원의 상여금을 지급한다. 최고의 '다마고 보로'를 만들기 위해 사용되는 비용은 아끼지 않겠다는 경영철학의 예상이 적중하여 판매가 폭발적으로 늘어나고 있다.

요즘은 공장에다 "감사합니다"라고 녹음한 테이프를 작업 시간 내내 틀어놓는다. 제품은 출고될 때까지 100만 번의 '감사합니다'란 말을 들으며 만들어진다.

다케다 회장의 '감사합니다' 인사법 전략은 한 실험연구 결과에서 힌트를 얻었다. 사람들이 화를 낼 때 내뱉는 숨을 담은 봉지에 모기를 넣으면 몇 분 안에 죽어 버리지만, 반대로 웃을 때 뱉는 숨에서는 훨씬 오래 살아 있다는 것이다. 감사를 느낀다는 것은 삶을 풍요롭게 만드는 것임에 틀림이 없다.

안 되는 회사를 보면 욕설과 불평이 난무한다. 불평과 욕을 먹으며 생산된 제품이 불량품이 되는 것은 당연한 일이다. 직업을 생업生業이라고도 하고, 천직天職이라고도 한다. 나의 생명을 이어주는 업종이요, 하늘에서 준 직종이다.

예전에 방송을 통하여 '부자 되는 아이디어' 시리즈를 할 때였다. 외국의 목장에서 있었던 일이다. 젖소에게 좋은 음악을 들려주고 젖을 짜는데 젖이 3분의 1 정도가 더 나오더라는 것이다. 방송이 나간 지 며칠 뒤 시청자에게서 전화가 왔다. 그 얘기를 듣고 젖소에게 좋은 음악을 들려줬는데 오히려 젖이 더 안 나오더라는 것이다.

"무슨 음악을 들려주었나요?"

"조용필의 〈허공〉입니다."

"하필이면 왜 그 음악을 들려주었나요."

"내가 좋아하는 음악이니까요."

"당신이 젖소요?"라는 말이 입에서 튀어 나오려고 해 전화를 얼른 끊은 후 배꼽이 빠지도록 웃었던 적이 있었다.

각 기업에서도 좋은 노래를 부르거나 좋은 음악을 틀어주는 것을 시도해볼 필요가 있다. '좋아졌네. 좋아졌어'라는 노래도 좋고 '감사합니다'란 말도 좋다. 좋은 말과 음악의 파동은 나와 동료, 제품에 이르기까지 좋은 변화로 이끌어주기 때문이다.

미래를 지향하는 사람은 행복하다

　대학 교수는 한번 임용되면 특별한 하자가 없는 한 정년이 보장된다. 그러나 기업체에 출강하는 교수들은 한번 실수를 하거나 반응이 좋지 않으면 그것으로 끝이다. 더 이상 용납이 안 된다. 때문에 학생처럼 끊임없이 공부하지 않으면 기업체나 사회단체에서 외면당하기 십상이다. 하루가 다르게 세상이 변하기 때문이다. 어제까지 호황을 누리던 제품이 없어지고 새로운 제품이 생겨난다. 교육도 마찬가지다. 한때 극기력 교육이 호황을 누렸다. 영업사원들은 한겨울에 웃통을 벗고 "나는 할 수 있다"를 목이 터져라 외쳤고, 야간 산악훈련도 감행했으며, 100킬로미터 행군 프로그램에도 참여했다. 그러나 지금은 모두 없어진 지 오래다.

그 후 생긴 것이 예절 프로그램이다. 항공사 승무원 출신들이 강사로 초빙되어 90도 경례를 가르치기도 했다. 이모니카 원장은 우리나라 산업교육의 보물 같은 존재다. 여성으로서 30년 넘게 프로그램을 개발하고 진행한 사람은 그가 유일하다. 과거지향의 교육이 아니라 미래지향의 교육을 하다 보니 다른 사람과 다르게 미래에 살고 있는 것이다.

이모니카의 본명은 이순자였다. 기업체에서는 그의 이름이 이순자로 널리 알려지고 유명했지만 이 원장은 기업교육 현장에서 30년을 일한 시점에서 이름을 바꿔 신장개업하기로 했다. 새 이름을 영세명인 모니카로 정했고, 호적까지 바꿨다. 인생 후반전의 출범을 위해서였다.

요즘은 그의 수십 년 러닝메이트인 홍소리 교수의 덕성여대 프로그램을 수강하면서 스트레스를 풀고 새로운 아이디어를 접목시키고 있다. 이모니카 원장이 나이가 들어 보이지 않는 것은 항상 미래를 염두에 두고 살기 때문이다. 과거 속에 사는 사람과 미래 속에 사는 사람은 의식구조가 다르다 보니 건강 나이도 다르게 나타난다. 미래를 사는 사람은 수명도 15년 넘게 연장된다. 두뇌를 긍정적으로 사용하는 사람은 치매에도 걸리지 않는다.

이모니카에게 배우는 미래의식 10

01. 미래를 지향하는 사람은 행복하다. 과거와 단절하라.

02. 과거에 집착하지 마라. 과거는 흘러갔다.

03. 미래는 희망이다.

04. 과거는 하나지만 미래는 100도 되고 1,000도 된다.

05. 미래에 투자하라. 그게 알짜투자다.

06. 지난 얘기는 하지 마라. 과거는 흘러갔다.

07. 새로운 아이디어를 개발하라.

08. 생각을 행동으로 옮겨라. 신나는 나날이 만들어진다.

09. 발명과 발견에 대한 책을 읽어라. 승승장구한다.

10. 감사하고 기뻐하라. 그리하면 행복은 열 배가 되고 백 배가 된다.

행복 바이러스

몸은 혀보다 더 많은 말을 한다. 몸의 움직임이나 표정을 분석하여 마음까지 읽는 학문이 보디랭귀지다. 미국의 심리학자 앨버트 메라비안에 따르면, 인간관계에서 설득은 말의 내용이 7퍼센트, 표정 35퍼센트, 태도 20퍼센트, 목소리가 38퍼센트의 영향력이 있다고 한다.

피렌체의 빈민 출신으로 평생을 독신인 채로 살았던 레오나르도 다빈치는 화가, 조각가, 건축가, 해부학자, 식물학자, 천문학자, 도시계획가, 음악가 등 다양한 직업을 가졌다. 그중에서도 그를 유명하게 만든 것은 〈모나리자의 미소〉다.

모나리자의 미소는 신비와 예술성을 돋보이게 하는 작품으로 화가 자신도 이 그림을 '신이 내려주신 비율'로 그렸다고 했다. 프랑스 학자들은 이 작품의 비밀을 알아내고 신비스러움을 규명하기 위해 얼굴에 나타난 감정을 컴퓨터로 분석했다. 그랬더니 행복한 감정이 83퍼센트, 두려움과 분노가 섞인 부정적 감정이 17퍼센트였는데 그중에 혐오감 9퍼센트, 두려움 6퍼센트, 분노가 2퍼센트였다.

이 분석은 심리학자 애드 디너와 로버트 디너 부자가 했는데 '모나리자 미소법칙'을 통해 진정한 행복이 무엇인가를 알게 된다.

"행복을 만들어주는 뿌리는 경제적인 부가 아닙니다. 그보다는 마음이 부자인 사람을 일컫지요. 마음이 부자인 사람은 긍정적인 태도와 친밀한 관계, 깊은 영성, 의미 있는 목표를 가지고 있습니다."

모나리자 미소의 법칙, 또 이를 보고 터득한 행복의 법칙은 생각보다 쉬운 데서 찾을 수 있다. 이 대학의 연구팀은 부유함과 교육, 건강 등을 토대로 행복지수를 조사했는데 하루 중 가장 행복한 시간이 일하는 시간으로 나타났다. 그런데 우리는 '일하는 시간'을 가장 지겨운 시간으로 생각하고 있다.

우리는 '말할 때'와 '먹을 때'가 더 행복하다는 생각을 하는 것이다. 외국인들은 음식점에서 조용히 식사를 하지만, 우리나라 사람들은 떠드느라고 매우 바쁘다. 예식장을 가보자. 신랑과 신부의 입장이 끝나고 주례사가 나올 때부터는 왁자지껄이다. 아예 주례사는 들리지도 않는다.

행복은 일반적인 통설보다 훨씬 전염성이 강하다. 이웃의 행복, 동료의 행복은 배우자의 기분보다 행복에 더 큰 영향을 준다. 이웃의 기쁨이 나를 행복하게 해줄 가능성은 더 높은 것이다. 행복 바이러스는 3단계 법칙, 즉 친구와 그 친구의 친구에게까지 전염되며 이때의 행복감은 공돈 5백만 원이 생긴 것보다 더 큰 것으로 측정됐다.

우리나라 여성이 남성에 비하여 평균수명이 여덟 살이나 긴 것은 행복한 시간이 더 많기 때문이다. 여성들이 수다를 떨며 즐거워하는 모습을 보면 '행복 바이러스에 감염되었구나'라고 생각해야 한다. 또 쇼핑과 화장하는 시간이 긴 것도 행복의 시간을 극대화하는 하나의 방법이다. 재미있는 방송 프로도 이제는 여자의 몫이 되었다.

전철 안에서 앞에 앉아 있는 사람들의 표정을 보자. 여성들의 얼굴에는 미소가 번져도, 남성들은 표정 없이 핸드폰에 정신을 빼앗기거나 눈을 감고 기도를 하는지 혼수상태에 빠졌는지 표정이 불분명하다. 내가 행복해지면 행복 바이러스를 주변에 전파하게 된다.

분하고 억울한 일을 당했을 때 상대방에게 마구 퍼붓거나 뒷담화를 하는 것은 대부분 남성들이다. 그러나 뒤돌아서면 후련한 마음보다는 무거움과 후회가 남는다.

꼭 행복해서 행복한 것은 아니다. 웃으며 "나는 행복하다"를 반복해서 외치면 행복 바이러스가 전파되고, 얼굴을 찌푸리며 "속상해"를 외치면 불행 바이러스가 전파되는 것이다. '모진 놈 곁에 있다가 벼락 맞는다'는 말을 명심하자. 이때의 모진 놈이란 불행 바이러스를 전파하는 사람이다. 나는 지하철을 타면 아무 데나 앉지 않는다. 미소를 띤 사람을 찾아 그 곁에 앉는다. 그날은 어쩐지 기분이 좋아지고 하는 일이 잘 풀린다. 행복 바이러스에 감염되었기 때문이다.

행복을 말하면
행복해진다

겨울철에는 사람들이 난로 곁에 모여서 대화를 나누는 경우가 흔하다. 불이 꺼져 있는지도 모른 채 따뜻하다고 생각하는 이들도 있다. 난로는 따뜻한 것을 연상시키기 때문이다. 불 꺼진 난로에 손을 댔다가 화상을 입은 사람도 있다. 상식적으로는 이해가 되지 않지만 사실이다.

프랑스 바스티유 감옥의 사형 실험은 오래도록 사람들의 입에 회자되고 있다. 사형수의 눈을 가린 다음 단두대에 오르게 한 후 손과 발을 묶어 놓고 다음과 같이 말했다.
"단두대의 칼날이 목에 떨어지는 순간 목에서 피가 나와 아래에 있는 양동이에 떨어지는데 고통 없이 죽게 된다."

그러고 나서 나무로 만든 자를 목에 대고 살짝 누른 다음 양동이에 물을 한 방울씩 소리가 나도록 떨어뜨렸다. 처음에는 요동을 치던 사형수가 잠시 후에 조용해져서 확인해 보니 이미 숨이 끊어져 버렸다. 사형수가 '이제 죽는구나'라고 생각을 하는 순간 어느새 죽어버린 것이다.

뉴저지 대학의 심리학 교실 켄싱턴 교수는 재미있는 실험을 했다. 수업 시간에 봉함된 두 개의 병을 가지고 들어와서 말했다.
"여기에 있는 병 하나에는 향기로운 가스가 들어 있고, 다른 하나에는 독가스가 들어 있다. 이 병을 열면 몇 초 안에 교실 전체에 가스가 가득해지는데 먼저 여는 병에서 어떤 냄새가 나는지를 알아맞혀 보아라."
교수가 한 개의 병뚜껑을 연 후 인상을 찌푸리며 괴로운 표정을 짓자 여기저기서 기침하는 학생, 구토하는 학생, 더 이상 견디지 못하고 밖으로 뛰쳐나가는 학생도 있었다. 사실 아무것도 들어 있지 않은 빈병인데도 교수가 지은 표정에 학생들이 반응을 한 것이다.

요즘 경기가 어렵다고 하지만 걸 그룹이나 이름 있는 청소년 그룹이 공연할 때는 학교를 결석하면서까지 비싼 입장권을 사들고 참석하는 학생들도 많다. 소리를 지르다가 한 사람이 기절하면 줄줄이 기절하는데 부모가 알면 기절초풍할 일이다. 멀미나 기절이 독감처럼 전염되는 것도 아닌데 말이다.

  우리가 사용하는 말과 표정은 상황을 행복하게도 하고 불행하게도 만드는 강한 힘을 지니고 있다. 오래전 행복 강사 부부가 함께 자살한 사건을 방송이나 신문에서 대서특필했다. 의사의 코멘트까지 붙여 그 통증은 견디기가 힘든 것이라고 동정 어린 말도 곁들인다. 그러나 본인의 죽음은 그렇다손 치더라도 남편의 동반자살은 말도 안 된다. 우리는 인생의 3분의 1을 병과 함께 보낸다. 이 세상에 안 아픈 사람은 있을 수가 없는 것이다.

경기가 좋지 않다 보면 너나없이 힘이 든다. 그러나 힘들어 죽겠다는 말보다는 견딜 만하다고 얘기하는 것도 필요하다. 진짜 죽을 정도인 사람은 죽겠다는 말도 못한다. '견딜 만하다'고 말하면 '그래 남들도 다 겪고 버티는데……' 하고 신체가 반응을 하고, 죽겠다고 하면 나도 모르는 사이에 '끝장이구나' 하는 생각으로 반응한다. 긍정적인 말과 적극적인 표정을 만들어보자. 말과 표정이 운명을 만든다.

화음훈련이 된 후의 삶

뒤늦게 만난 신랑신부의 결혼식에 많은 사람들이 축하해주는데 주례사를 하는 내내 신랑은 팔짱을 끼고 있고 신부는 손과 얼굴을 계속 움직이고 있었다. 청각장애 신랑을 위해 신부가 수화로 주례사를 전해주고 있었던 것이다.

"여기, 이 세상에서 가장 아름다운 신부가 가장 훌륭한 신랑에게 이 세상에서 가장 아름다운 말을 해주고 있습니다. 대인은 행위로 말하고 소인은 혀로 말하는데 대인의 인생에 축복이 가득하길 빌면서 주례사를 마칩니다."

주례가 큰소리로 외치며 마지막 말을 수화로 표현하자 하객이 모두 일어나 감동과 기쁨의 박수를 쳤다. 황금 잔에 담긴 물도 바가지에 담긴 물도 똑같이 사람의 갈증을 시원하게 풀어주는 고마운 물이다. 아이 마음에 담긴 사랑도 노인의 마음에 담긴 사랑도 모두 세상을 아름답게 만들어주는 값진 사랑이다.

교회의 성가대원들은 너나없이 얼굴이 편하고 행복한 기운이 감도는데 음계의 기원과 연관이 있다. 음악은 음계부터 배우는데 도레미파솔라시도는 음악의 기초다. 100년 전 이탈리아의 성직자 겸 음악가 구이도 다레초가 〈세례자 요한 탄생 축일의 저녁기도〉라는 곡의 가사에서 첫 머리를 가져온 것이다.

도Do는 Dominus의 약자인데 '하나님'을 뜻한다.

레Re는 Resonare의 약자로 '울림 즉, 하나님의 음성'이라는 뜻이다.

미Mi는 Miragestorum의 약자이며 '하나님의 기적'이라는 뜻이다.

파Fa는 Familituorum의 약자로 '하나님의 가족들과 제자들'이라는 뜻을 담고 있다.

솔Sol은 Solvepolluti의 약자로 '구원'과 '하나님의 사랑'이라는 뜻을 담고 있다.

라La는 Lavii의 약자로 '하나님의 입술 또는 사도들'이라는 뜻을 가지고 있다.

시Si는 Sancteloannets의 약자로 '성 요한'을 뜻한다.

이것을 생각하며 노래를 하다 보면 마음이 거룩해지는 것은 말할 나위가 없다.

한 남편이 정년퇴직을 하고서 아내와 함께 음악학원에 가서 바이올린을 열심히 배웠는데 부부가 같은 음을 내기 위해서였다. 그 후부터 이 부부는 생각 이상으로 매사에 조율이 잘 되고 부부 모임이나 행사에 초청받아 연주를 하는데 부부 행복지수도 쑥쑥 올라갔다. 전에는 불화도 있었지만 화음훈련이 된 후부터 깨소금 부부가 되었다.

어느 토요일 삼성전자 부인 교육에 출강을 한 적이 있었다. 부인들은 아침부터 교육을 받고 오후에는 남편들이 근무를 끝내고 함께 교육을 받았는데 나는 부부교육에 투입되었다. 부부의 눈높이가 같을 때 행복한 가정이 만들어진다는 것을 알기 때문에 나는 늘 그 점을 강조한다.

우리나라는 모임에 부부가 함께 참석하는 경우가 흔하지 않는데 조두현과 박경례 부부는 언제나 함께 참석한다. 이들 부부는 수시로 떡을 해가지고 와 모두에게 나눠주는데 이것이 바로 공덕이며, 쌓이고 쌓인 공덕은 은혜와 축복을 만든다. 요즘 사업하는 사람들을 보면 너나없이 힘들다는 타령을 하지만 조두현 씨의 사업은 계속 번창하고 있다. 그것이 바로 화합의 힘이다.

지혜 있는 사람은 작은 것에도 만족하고 함께 즐기므로 복이 항상 배로 늘어난다. 인생에는 영원한 행복도 영원한 고난도 없어 마음을 바로 먹어야 복된 삶을 살게 된다.

조두현과 박경례 부부의 행복 비결 팁 10

01. 고마워요, 라는 말을 자주 사용한다.

02. 섭섭한 일은 표현하지 않는다.

03. 말은 적게 하고 대신 경청한다.

04. 식사나 여행 등의 모임에 함께한다.

05. 낙관과 사랑으로 정신적 건강이 강하다.

06. 칭찬과 격려의 달인이다.

07. 수시로 통화하여 일체감을 조성한다.

08. 원하는 것을 미리 알고 조치를 취한다.

09. 사랑해요, 행복해요 소리를 자주 한다.

10. 봉사활동에 앞장선다.

입원을 축하합니다

즐거워서 웃는 것이 아니다. 웃다 보니 즐거워진다. 의사들도 예전엔 환자들 앞에서 근엄한 표정을 지었는데 최근엔 활짝 웃는 시대로 변하고 있다. 명의라고 소문난 의사들을 보면 너나없이 개그맨 뺨치게 환자를 웃긴다. 의과대학 시간표에 '웃음학'이란 과목이 아직 들어 있지 않지만 머지않아 약 대신 웃음을 처방하는 날이 올지도 모른다. 웃음은 약의 효과를 몇 배 이상 높이며 부작용이 전혀 없는 안전한 약이라는 사실이 이미 밝혀지고 있다.

예전에 우리 집은 여의도 성모병원 바로 앞에 있었다. 그 당시 방송 때문에 여의도로 이사한 지 어느새 30여 년이나 되었다. 이 무렵 하루에도 보통 3~5회 정도 출연하면서 글을 쓰다 보니 거의 방송국에서 살다시피 했다. 재주 좋은 친구들은 이리저리 이사를 다니며 집을 몇 채씩 늘리기도 했지만 편해서 그냥 살다 보니 시간이 쏜살처럼 지나간 것이다.

당시에 여의도로 이사 오기를 잘했구나 하는 생각을 했었다. 길 하나만 건너면 병원에 갈 수 있어 편하기 짝이 없었다. 병원에 지인이라도 입원을 하면 위로해 달라고 연락이 오는데 나는 번개처럼 달려갔다. 아파트 현관에서 병실까지 도착하는 데 3분이면 족하니 퀵 서비스보다 더 빨랐다. 시도 때도 없이 들락거리니까 병원에서 나를 모르는 사람이 없었다.

내가 연재하는 잡지가 여러 개 있었는데 그중 하나가 병실 층마다 꽂혀 있다는 얘기를 들었다. 잡지에 나의 사진이 큼직하게 나와 있다 보니 모르는 사람도 아는 척하며 인사를 했다. 그것도 기분 좋은 일이다.

나도 환자 생활을 많이 해봐서 잘 알고 있다. 환자는 특실에 있어도 외롭고 불안하며 답답하기는 마찬가지이다. 이들에게 기쁨과 즐거움을 선사하는 것이 나의 일이어서 병실에 들어가면 제일 먼저 하는 말이 "축하합니다"이다. 생일이나 결혼식 때만 축하받을 일이 아니라 입원을 해도 그에 못지않은 일이다. 환자나 가족은 어리둥절해한다. 그러면 이렇게 설명을 한다.

"아파서 입원하셨지요?"

"네."

"아픈지도 모르고 있다가 죽는 사람도 많답니다. 병은 해치려고 자신에게 온 것이 아니라 깨우침을 주려고 온 겁니다. 몰랐으면 큰일 날 뻔했지요. 게다가 좋은 병원에서 좋은 의사를 만난 것도 축하할 일이지요. 의사는 당신의 몸을 치료하고 나는 당신의 영혼을 치유해 드립니다. 며칠이든 병원생활을 즐기세요. 다시 한 번 축하합니다."

이렇게 재미있게 얘기를 해주고 나면 그 환자는 놀랍게도 다른 환자보다 거의 배나 빠르게 회복되어 퇴원을 한다. 어떤 환자는 다음 날 멀쩡하게 퇴원하기도 한다. 기쁨의 파동이 몸과 마음에 진동을 일으켰기 때문이다.

병원에 가면 '어쩌다 병이 났느냐'고 묻고는 하는데 그것은 문병을 온 사람이 할 얘기가 아니라 의사가 물어야 할 내용이다. 문병을 와서는 대성통곡하는 사람도 있는데 환자는 그 순간 두려움이 극에 달하게 된다. 혹시 절망적인 것은 아닌가 하는 생각도 할 수 있다.

병도 두려워하면 끝까지 달라붙는다. 그러나 편하게 대하면 사람을 해치지 못한다. 나는 의사가 포기했던 환자다. 아직도 소위 불치라고 하는 몇 가지의 병은 나와 함께 다닌다. 그러나 두려워하지 않고 웃으며 함께 지내다 보니 건강은 하루가 다르게 좋아진다.

내가 친구처럼 대하니 병도 나를 친구로 대하는 것이다.

문병객이 지켜야 할 매너

1. 병실에 5분 이상 있지 마라. 환자가 피곤하다.
2. 병과 관계되는 말은 하지 마라. 그것은 담당 의사의 소관이다.
3. 짧게 기도하라. 그 에너지가 병실 전체에 영향을 준다.
4. 환자를 즐겁게 하라. 환자의 몸에 좋은 기류가 흐르게 된다.
5. 음료수보다는 좋은 책을 선물하라. 영혼의 양식이 된다.

독서는 꿈을
이루게 한다

　자신과 국가 발전의 첫걸음은 독서다. 독서는 사람을 지혜롭게 만들고 패배자를 승리자로 바꿔놓는다. 그래서 가장 아름다운 손은 책을 든 손이다. 아무리 이름 있는 대학을 나와도 독서 능력이 부족하면 살아가는데 어려움을 겪지만 학벌이 없어도 많은 책을 읽은 사람은 어떤 자리에서나 나중에 우뚝 서게 된다.

　TV에서 방영하는 역사 드라마는 매우 인기가 높다. 작가들은 책에 실린 몇 줄의 역사를 가지고 수십 회의 연속극을 만들어낸다. 독서력은 무한한 창조력과 상상력의 바탕이 되는 것이다. 쥘 베른의 『지구에서 달까지』라는 과학소설을 읽은 소년들이 그 꿈을 실현시킨 것이 바로 우주선이다. 그리고 끝내 달 탐사에 성공했다. 처음에는 과학소설이 아이들을 다 버려놓는다고 여러 언론에서 질타를 했지만 우주여행에 성공하자 자기들의 생각이 짧았다고 크게 사과문을 내기도 했다.

핀란드는 스웨덴과 러시아 사이에 끼어 있는 인구 520만 명의 나라이다. 세계적으로 크게 각광을 받고 있는 것은 10여 년 사이에 국제 경쟁력 세계 1위로 떠오르게 되었기 때문이다. 1990년대 초반까지는 경제 불황과 사회 혼란으로 큰 어려움을 겪어오다가 1994년부터 일어서기 시작하더니 지난 10년간에 눈부신 경제와 사회 발전을 이룩하여 지금은 전 세계에서 가장 경쟁력이 높은 나라가 되었다.

경제적 수준만 높아진 것이 아니라 국민들의 삶의 질 전체가 세계에서 최고가 되었다. 세계에서 남녀평등이 가장 바람직스럽게 이루어져 있고 유아 사망률의 경우는 0퍼센트에 불과하다. 침체의 늪에 빠져 있던 나라가 10년 사이에 세계 일등의 나라로 발돋움하게 된 비결은 독서에 있다. 핀란드는 세계 제일의 독해력 국가다. 독해력이란 말은 그냥 책을 많이 읽는다는 것과는 달리 책을 많이 읽되, 그 내용을 이해하는 깊이와 폭이 깊고 넓음을 뜻한다.

전철에 오르면 민망한 포즈를 취하고 있는 젊은 남녀가 많아졌다. 반면 열심히 책을 읽는 젊은이도 더 많아져 우리나라의 미래가 무척 밝다는 확신이 생긴다. 나는 이 나이에도 매년 5백여 권의 책을 읽는다. 구입한 것도 있고 선물로 받은 것도 있는데 매년 5백 부씩 군부대나 근로자들이 있는 기숙사나 학교 등에 기증을 한다.

그러면 여러 사람이 읽게 되므로 그들이 자신은 물론 국가와 사회 발전에 기여하기를 바라는 마음이 담겨 있다. 밥 한 그릇을 열 명이 나눠 먹는다면 턱없이 부족할 것이다. 그렇지만 책 한 권을 열 명이 읽는다면 모두가 마음에 힘이 가득해질 것이다. 그런 이유로 나는 아낌없이 남에게 책을 보내주면서 보람을 느끼게 되는 것이다.

좋은 책을 읽어야 하는 이유 50

미국 대통령 중 한 사람인 링컨은 통나무집에 살면서도 책을 빌려다 읽었다는 얘기는 지금도 우리에게 많은 깨우침을 준다. 그는 학교를 다니지 못했어도 가장 존경받는 대통령이 되었다. 마음을 정화시키고 깨달음을 주며 희망이 샘솟는 글을 많이 읽자. 내가 달라지면 가정과 나라가 달라지고 세상이 달라지게 된다.

01. 좋은 책을 보면 큰절을 하라. 나에게 깨우침을 주는 큰 스승이다.
02. 좋은 책과의 만남은 최대의 행운이다. 소중한 인연을 값지게 쌓아가라.
03. 책은 인생의 내비게이션이다. 헤매는 인생길을 쉽게 찾아준다.
04. 우리의 삶에는 동기 부여가 필요하다. 좋은 책에서는 좋은 에너지가 나온다.
05. 매일 아침에 시 한 편씩을 읽어라. 마음의 양식이 운명을 지배한다.
06. 깨어 있는 사람이 되어라. 좋은 책은 우리를 깨어 있게 만든다.
07. 책을 한 권 읽은 사람과 열 권 읽은 사람은 눈빛부터 다르다. 빛나는 눈동자의 주인이 되어라.
08. 욕 중에 가장 큰 욕은 '무식한 인간'이다. 무식하면 제값도 못 하는 불쌍한 인간이 된다.
09. TV를 끄고 책을 펴라. TV는 의존성을 만들지만 독서는 주도성을 키운다.
10. 책을 많이 보면 말을 잘한다. 말을 글로 옮긴 것이 책이고 책을 읽는 것이 독서다.

11. 좋은 책은 절망도 희망으로 변화시킨다. 깨달음과 기쁨을 공유하는 것이다.

12. 아는 것이 힘, 배워야 산다. 성공적인 삶이란 배움의 연속이다.

13. 돈, 돈 하지 말라. 좋은 책은 풍요로운 마음으로 평생을 살게 한다.

14. 책은 상상력을 키우는 최고의 마술사다. 상상의 힘이 기적을 만든다.

15. 집들이에 갈 때는 휴지나 비누 대신 책을 선물하라. 최고의 선물이 될 것이다.

16. 책은 값에 비해 천만 배의 가치를 지니고 있다. 경제성은 무한대다.

17. 지식사회에서는 지식이 자산이다. 지식 자산을 최고로 확장시켜라.

18. 유명인사는 많은 책을 섭렵한 사람이다. 독서를 통해 명사가 되어라.

19. 독서 모임은 나날이 발전한다. 무한대의 힘이 분출하는 것이다.

20. 만날 수 없는 분과의 대화도 책을 통해선 가능하다. 놀라운 행운이다.

21. 전철에서는 조는 사람, 책 읽는 사람 등 각양각색의 사람이 있다. 누가 선택받은 사람일 것인가.

22. 좋은 책에서는 좋은 기가 번져 나온다. 좋은 기를 집안에 가득 채워라.

23. 주색잡기로 망한 사람은 있어도 책을 읽다 망한 사람은 없다. 선택은 스스로 한다.

24. 밥을 먹고 나면 빈 그릇만 남는다. 그러나 책은 아무리 읽어도 영원히 남는다.

25. 가만히 있으면 부정적으로 변한다. 좋은 책을 통해 긍정인이 되어라.

26. 6·25 전쟁 때는 국민 총생산GNP이 60달러였다. 우리가 세계에 우뚝 선 것은 배움의 힘 때문이다.

27. 진정한 멘토는 책 속에서 무수히 나타난다. 어렵게 생각하지 말라.

28. 인생은 문제의 연속이다. 문제집 뒤에는 해답집이 있다.

29. 성공하려면 그 분야의 책을 섭렵하라. 그래야 그 분야의 전문가가 된다.

30. 좋은 책이 좋은 사람을 만든다. 자신이 어떤 책을 읽느냐를 살펴보라.

31. 능력 부족을 한탄하지 말라. 책은 학교에서 가르쳐주지 않는 것까지 알려준다.

32. 프로만이 살아남는다. 독서는 프로가 되는 지름길이다.

33. 역사의 발전은 책의 역사와 동일하다. 책을 통해 발전적 미래의 주역이 되어라.

34. 사람이 책을 만들고 책이 사람을 만든다. 책을 떠난 삶은 있을 수 없다.

35. 신문배달을 하면서 돈이 생기면 서점으로 달려간 친구가 있다. 그는 현재 대기업 회장이 되었다.

36. 배경이 없다고 한탄하지 말라. 좋은 책은 대통령보다 더 큰 영향력을 미친다.

37. 위대한 사람에게는 위대하게 만든 스승이 있다. 좋은 책을 영원한 스승으로 삼아라.

38. 책을 한 번 읽고 다 읽었다고 생각하지 말라. 자신이 변화할 때까지 읽어야 내 것이 된다.

39. 존경하는 인물의 책을 많이 읽어라. 읽다 보면 어느새 붕어빵처럼 복제된다.

40. 부모가 무식하면 3대가 고생을 한다. 고생을 상속시키지 말라.

41. 눈으로만 읽지 말라. 소리 내어 읽다 보면 신체세포와 유전인자까지

변화한다.

42. 하루 밥 세끼를 먹어야 건강이 유지된다. 독서도 예외가 아니다.

43. 책은 기분을 변화시킨다. 나쁜 감정을 좋은 감정으로 바꿔주는 것이다.

44. 재산은 도둑을 맞을 수 있다. 그러나 배운 것을 도둑 맞을 일은 없다.

45. 좋은 책은 인생관과 가치관을 바르게 만든다. 책은 올바른 성장 발전의 촉진제다.

46. 집에 책이 없으면 머리가 비어 있는 것과 같다. 두뇌가 없는 사람은 식물인간과 다름이 없다.

47. 책을 읽지 않으면 입에 가시가 돋친다. 안중근 의사는 처형 직전까지도 손에서 책을 놓지 않았다.

48. 이스라엘의 초등학교 첫 시간. 꿀단지의 꿀을 찍어 먹게 하고 '배움은 꿀맛이다'라는 문장을 가르친다.

49. 책을 많이 읽으면 읽을수록 책을 쓸 수 있는 힘이 생겨난다. 빛나는 저서의 주인공이 되어라.

50. 왕 중의 왕은 독서왕이다. 책을 든 손이 역사를 움직인다.

결혼은 80년 전쟁의 출발이다

우리나라 어머니들이 시집가는 딸에게 '참아야 하느니라'고 일러주던 시대는 이미 역사 속으로 흘러갔다. 그러다 보니 어떤 일이 생기면 참지 못하는 여성이 많다. 참는 법을 배우지 못했으니 참지 못하는 것은 당연한 일이다. 딸을 시집보낸 부모는 혹시 딸에게 무슨 일이 생길까봐 전전긍긍한다. 결혼식에서 여자 쪽 부모는 대부분 눈이 충혈되어 있거나 울어서 눈이 퉁퉁 부은 경우도 있다. 기쁨보다는 아쉬움과 불안이 큰 것이다.

시집 간 딸에게 문제가 생기면 오히려 발 벗고 나서거나 이혼 대리인으로 앞장서서 뛰어 다니는 것은 친정어머니다. 이혼은 어디까지나 당사자의 문제이지만 문제가 터지면 딸의 목소리는 줄어들고 어머니의 목소리가 커지는 것이다. 당사자는 화해해서 살고 싶어도 말을 못해 울며 겨자 먹기로 도장을 찍는 경우가 생긴다. 이런 장모의 파워를 아는 사위들은 장모에게 눈도장 찍기에 바쁘고 자동차 운전기사는 물론 잡다한 심부름까지 대행한다. 그래야 장모의 마음을 잡을 수 있다고 생각한다.

20년 전 딸의 결혼선물로 『시집가는 딸에게』란 책을 펴냈다. 보통 책의 수명은 일 년 안팎에 불과하다. 지금껏 살아 움직이는 것을 보면 인기를 가늠할 수가 있다. 책이 나오자 각 언론사에서 앞다퉈 크게 다뤄줬는데 어떤 교수는 이 책을 어느 일간지 문화면의 절반을 할애해서 이렇게 평했다.

> 조선조에 송시열 선생이 〈계녀서〉를 써서 시집가는 딸에게 선물했고 수백 년 흐른 지금 이상헌의 『시집가는 딸에게』가 선을 보인 것은 뜻깊은 일이다. 필자 이상헌 교수는 평생 '행복한 가정 만들기'를 위한 강사로 전국을 순회하고 행복학 저서를 수십 권 펴낸 것으로 알고 있다. 신문과 잡지 연재, 방송 출연 등 새벽부터 밤까지 쉬지 않고 전국을 순회하며 활동하다 보면 딸과 오순도순 대화할 시간도 없었으리라고 생각된다. 그래서 책으로 딸과 대화를 한 것이 『시집가는 딸에게』가 아닌가 하는 생각이 든다.

그 교수의 신간 평을 보면서 대부분 수긍할 수밖에 없었다. 집에서 가족과 대화를 해본 경우도 까마득하다. 밤늦게 집에 와서 바로 취침할 수 있는 형편이 못 된다. 들어오자마자 세수하고 나면 내일 분량의 신문 칼럼과 방송 원고를 써 놓고 잠시 눈을 붙인 다음 새벽이면 다시 나가야 한다. 자식 입장에서 보면 불량아빠가 틀림없다.

그러나 나 같은 불량 아빠가 대부분일 것이라는 생각도 했다. 어떤 교장 선생님으로부터 전화를 받은 일이 있다. 자기는 제자가 결혼할 때 이 책을 사서 선물하며 행복을 빌어준다는 것이었다.

결혼하는 이유는 행복한 삶을 위해서다. 그러나 결혼을 했다고 해서 행복해지는 것은 결코 아니다. 아무리 좋은 승용차도 운전할 줄 모르면 쇳덩이에 불과하다. 각자 역할을 어떻게 하느냐가 중요한 문제로 남는다.

공자가 주유천하周遊天下하며 제왕들을 만나 국가경영을 지도했다. 하루는 제나라 경공景公이 물었다.

"나라가 잘 되는 비결을 알려 주십시오."

공자는 종이와 붓을 달라고 하여 여덟 글자를 써놓고 총총히 사라졌다.

군군신신君君臣臣
부부자자父父子子

> 임금은 임금답고 신하는 신하다우며
> 아버지는 아버지답고 자식은 자식다우면 된다.

  행복한 가정도 예외는 아니다. 자기의 역할을 잘 수행하면 일등 가정이 된다. 그러나 대부분 결혼하면 잘될 거라는 막연한 기대로 예식을 치르고 동거에 들어가지만 결혼에 대한 학습이 전혀 되어 있지 않은 것이 오늘의 현실이다. 전쟁은 일주일이면 끝난다. 일주일의 전쟁을 위하여 젊은이들은 2년간 훈련을 받는다. 결혼은 80년 전쟁의 출발선이 된다. 그런데도 아무런 교육 없이 출발하는 것은 절반의 실패를 보듯 뻔한 것이어서 이를 절반의 성공이라고 웃어넘길 수가 없다.

  그동안 살아오면서 2천 5백여 쌍의 결혼 주례를 섰다. 그중에서 실패율을 따져보면 거의 0에 가까울 정도다. 결혼식을 하기 전에 예비부부를 불러 '행복한 결혼'에 대한 교육을 하고 결혼 후에도 수시로 만나 문제가 생기기 전에 해결하는 법도 알려준다.
  행복은 멀리 있는 것도 아니고 행복하기 위해 많은 수고가 필요한 것도 아니다. 행복한 부부는 서로 격려하는 응원단이 되지만, 불행한 부부는 이기심과 무관심으로 공격하고 무시하는 악플러로 존재한다.
  결혼 45주년을 맞은 나는 지금도 현관을 나설 때 언제나처럼 '안

아주기'를 한 다음 엘리베이터를 탄다. 스킨십은 평생 필요하다. 스킨십은 몸으로 하는 대화다. 대화만 지속적으로 이뤄져도 '불행 끝 행복 출발'의 궤도로 진입이 가능하다.

음식 투정하는 사람은
반드시 망한다

강감찬 장군의 어린 시절 얘기다. 하루는 아버지를 따라 반나절을 걸어 아버지의 절친한 친구 집에 놀러 갔다. 그런데 한참 기다리자 밥상이 들어왔는데 꽁보리밥과 된장국이 전부였다. 강감찬이 된장국에다 밥을 덥석 말아버리자 아버지는 아들을 말렸다.

"맛이라도 보고 말아야지. 된장국이 너무 짜고 맛도 없는데 어쩌자고 그러느냐."

"저에게 주어진 것은 제가 처리해야 합니다."

아버지는 몇 숟갈을 뜬 후 숟가락을 놓았지만 강감찬은 말없이 다 먹어 치웠다. 밖에서 아버지의 친구가 방 안의 대화를 엿듣고 들어왔다. 그에게는 출가하지 않은 과년한 딸이 있었다.

"감찬아, 나에게 딸이 하나 있다. 너를 사위로 삼으려고 하는데 생각이 어떠냐?"

"어르신이 그렇게 말씀하시면 뜻을 따라야지요."

아버지의 친구는 천리 앞을 내다보는 영능을 가지고 있었다. 그의 딸도 아버지에 버금가는 영능자로 전술 전략에 뛰어난 능력을 가지고 있었다. 후에 강감찬 장군이 연전연승한 것도 부인의 조언에 힘입었다는 얘기가 지금껏 전해온다. 지금도 사위를 볼 때 음식을 맛있게 잘 먹으면 합격이고 맛없이 먹으면 탈락시키는데, 잘 먹는 사람은 식복이 있고 맛없이 먹으면 복이 나간다는 얘기 때문이다.

88년 서울올림픽을 대비하여 서울시에서 주관하는 접객부 교육이 있었다. 미용실과 음식점, 술집 등에서 일하는 사람을 대상으로 외국 손님을 맞이하기 전에 서비스 정신 함양과 국가관 확립 교육이 온종일 계속되었다. 점심은 시에서 제공하는 보리밥과 육개장 그리고 김치가 전부였다. 담당자는 이런 말을 했다.

"미용실에서 일하는 사람들은 맛있다고 더 달라고 하는데 술집에서 일하는 사람들은 맛없다고 안 먹는 사람이 많았어요."

똑같은 음식이지만 음식을 대하는 태도는 모두가 다르다. 그래서 '입맛'을 '살맛'이라고 말하는가 보다. 입맛이 나면 살맛도 난다는 뜻이다. 술집에 나가는 사람들은 대부분 밤샘을 하고 참석했기 때문에 입맛이 없을 수도 있었겠지만, 이들이 파란만장한 삶을 사는 것도 우연이 아닐 것이라는 생각도 든다.

잘 아는 어떤 지인과 함께 음식점에 가면 창피할 정도다. "맛이 왜 이 모양이냐, 서비스가 형편없다"는 등 거의 좋지 않은 말만 튀어나온다. 어떤 특별한 곳에서만 그러는 것이 아니라 함께 가는 곳마다 투정을 하는 것을 보면 이것도 습관이다. 그는 한때 사업으로 엄청난 부를 축적하기도 했으나 지금은 완전히 몰락했다.

음식에 대한 불평 문제를 20명에게 용역을 주어 조사한 결과, 음식에 대해 불평하는 사람은 대부분 끝이 안 좋다는 사실을 발견했다. 음식은 생명 유지를 위해 신이 주신 귀한 물질이어서, 좋고 나쁘고가 있을 수 없는 '일용할 양식'이다.

전국에는 수많은 연수원이 있다. 대부분 연수원의 식단은 단가가 같다 보니 메뉴의 질은 어디나 대동소이하다. 다만 경기도 안성에 있는 표준협회 연수원만은 식사 전에 음식에 대한 기도를 올린다. 그런데 수강생들의 수강 태도나 건강 상태가 다른 연수원에 비하여 상당히 높다. 연수원에 오면 소화제나 해열제를 찾는 사람이 많은데 이곳만은 그렇지 않은 것도 특기할 사항이다.

어느 해 한글날 MBC 아나운서실에서 말에 대한 실험을 제작하여 방영한 적이 있었다. 아나운서들에게 밥을 담은 두 개의 병 중의 하나에는 '고마워', 다른 하나에는 '짜증나'라고 써 붙인 후 나눠 주면서 이렇게 말했다.

"밥에다 대고 아침저녁으로 읽어주세요. 보름 후에 수거하겠습니다."

그런데 놀랍게도 '고마워'라고 써 붙인 병의 밥은 모두 노랗게 발효되어 누룩이 되었다. 반면 '짜증나'라고 써 붙인 병에는 시커먼 곰팡이가 슬어 있었다. 이것이 바로 말의 영향이다. 음식에 대한 불평은 자기가 앉은 식탁의 메뉴에 영향을 주고 옆에 앉아 있는 사람들의 심리와 생리에도 영향을 미친다. 이 정도면 보약도 독약이 되는 것은 당연하다. 음식 투정을 하려면 먹지 말거나 혹 먹으려면 투정을 하지 말아야 한다.

어린 시절의 추억은 아버지에 대한 것이 대부분이다. 위로 딸만 네 명을 나란히 낳고 아들이 태어나자 부모님의 기쁨은 이루 말할 수 없을 정도였다고 한다. 아버지는 수십 년 시골 면장을 지내다가 나와 함께 더 많은 시간을 보내려고 사표를 내고 하루 스물네 시간을 나와 함께 보냈다. 이 무렵 잔칫집에서는 아버지를 반드시 초대했고 어린 나는 항상 따라 다녔다.

가난하던 그 시절, 상에 차린 메뉴는 국수와 김치, 막걸리 한 사발이 전부였지만 아버지의 음식에 대한 칭찬은 최상급이었다. 나도 음식점에서 나올 때는 꼭 '잘 먹었다'고 인사를 한다. 어려서부터 아버지에게 배워서 그런 습관이 형성된 것이다.

기업체나 단체 교육을 할 때 자기 칭찬, 서로 칭찬, 미운 사람 칭찬을 꼭 하게 하는데 그 효과는 상상을 초월한다. 사람은 물론 모든 생물과 무생물도 말에 대하여 감응을 한다. 칭찬을 받은 사람이나 생물은 반드시 칭찬받을 일을 하게 된다.

행복하다고
말하라

나는 하루도 거르지 않고 50여 년 동안 일기를 써왔다. 저녁에 아무리 늦게 집에 들어와도 일기 쓰기 작업은 쉬지 않았다. 일기 쓰기는 내 마음을 갈고 닦는 숫돌과 같다. 대부분의 사람들은 그날 있었던 일들에 대해 나열식으로 일기를 쓴다. 하지만 나는 고맙고 기쁘고 행복한 일들에 대해서만 쓴다. 그리고 일기의 명칭은 '행복 일기'라 하고 소리를 내서 낭독한다.

나는 삶의 많은 시간을 병과 함께 동고동락해왔다. 어려서부터 병치레를 했는데 자그마치 스물다섯 가지나 되는 힘든 병들이어서 의사들도 손을 들었다. 인간의 정상적인 맥박은 일 분에 72번이지만, 나는 보통 130회 정도 뛰었다. 그러나 여기서 끝난 것이 아니다. 평생 동안 부정맥이 따라 다녀 '뛰었다, 멈췄다'를 반복했고, 심근경색으로 고통을 받기도 했다. 각혈하기를 밥을 먹듯이 자주 한 것은 예고편에 속한다.

초등학교 때는 출석 일수보다 결석 일수가 더 많았고 체육시간에는 항상 교실 지킴이 노릇을 했다. 모두가 좋아하는 소풍은 생각조차 하지 못했다. 대부분의 시간은 누워서 책을 읽는 데 보냈다. 앉아서 읽을 힘이 없으면 누워서 읽고, 잠에서 깨어나 또 읽었다. 책을 읽는 동안만큼은 죽음에 대한 두려움을 잊을 수 있기 때문이었다. 가장 괴로운 시간은 식사 시간이었다. 음식이 목으로 쉽게 넘어가지 않아 음식만 보면 더럭 겁이 날 정도였다.

부모님은 자식을 살리려고 좋다는 것을 다 구해 오셨다. 그런데 그동안 좋다는 걸 다 먹고도 효과를 보지 못한 내가 "이런 것을 먹고 병이 낫는다면 내 손가락에 장을 지지겠다"고 했다가 입방정을 떤다며 여러 번 야단을 맞기도 했다.

어머니의 성명은 이제인李濟仁이다. 얼마 전 KBS TV에 외할아버지가 고종황제께서 보낸 미국 유학생 1호라고 나왔다. 그런데 유학시절 어머니가 태어나자 미국식 이름인 제인으로 호적에 올렸다는 것이다. 한자로는 건널 제濟, 어질 인仁이다. 부모님은 45세라는 늦은 나이에 일곱 남매 중 막내로 나를 낳았는데 워낙 약하게 태어나 어른들을 힘들게 했다. 성당에 열심히 나가던 부모님이 머리맡에서 나를 위해 기도할 때면 고맙기는커녕 짜증이 나 신경질을 부리기도 했던 것이 떠올라 지금도 죄송스러운 생각이 든다.

나의 말끝마다 "아파 죽겠다"는 소리가 후렴처럼 나오자 어머니가 하루는 이런 말씀을 들려주었다.

"죽겠다, 죽겠다 하면 더 힘들다. 견딜 만하다고 해봐라."

그 후부터 나는 죽겠다는 말 대신 아무리 고통스러워도 '견딜 만하다'로 바꿨는데 신기하게도 고통이 점점 줄어드는 것을 느낄 수 있었다. 그러던 어느 날, 책에서 이런 글을 읽게 되었다.

> 하나님이 인간을 만들 때 자기와 똑같은 모습으로 만들었다. 겉모습뿐만 아니라 속모습도 마찬가지다. 그분에게 불가능이 없듯이 같은 유전인자를 가진 우리에게도 불가능이 있을 리 없다. 원하는 것은 무엇이든지 이뤄진다는 것을 명심하라.

나는 그때부터 긍정언어만을 사용하고 기쁨과 감사만을 마음에 담았다. 병을 두려워하지 않고 친구처럼 대하다 보니 병에 대한 연민의 정까지 들었다. 결국 만나는 사람들 모두가 부처님이나 하나님처럼 느껴졌다.

몸이 아프더라도 '아픔에 대해 감사를 한다'고 하는 얘기를 듣고 사람들이 항의를 해오면 곧바로 메일을 보냈다.

> 아픔이란 살아 있다는 증거다. 죽은 사람은 아프지도 않는다. 아픔을 느끼며 감사하는 것과 죽어서 아픔이 없는 것 중에 어느 것을 택하겠느냐?

현실의 삶에서 보면 감사하지 않을 것이 없다. 몽땅 감사할 것뿐이다.

지난해에는 대상포진이 찾아왔는데 너무 아파서 잠을 잘 수도 없고 먹지도 못했다. 몇 달 동안 앓다가 결국 딸에게 끌려 어쩔 수 없이 병원에 가게 되었는데 의사가 깜짝 놀랐다.

"병원에 입원해도 아파서 펄쩍펄쩍 뛰는데 어떻게 버텼습니까?"

내가 행복에 대한 글을 쓰고 방송도 하고, 강연을 다니면서 펴낸 책만도 100여 권을 넘는다. 그런데 행복전도사를 자처하던 최윤희 씨가 아픔을 견디지 못하고 마침내 부부가 함께 자살하여 세상에 충격을 주었다. 그 사연을 매스컴에서 크게 다루었다. 게다가 모방 자살이 있을지도 모른다는 우려가 사회적으로 파장을 일으켰다.

그러나 어떤 고통도 견디지 못할 고통은 없다. 신은 견딜 만한 고통을 주기 때문이다. 나는 거의 병과 함께 살아왔다고 해도 과언이 아니다. 지금도 예외는 아니지만 살아 있기 때문에 고통도 있다는 것을 생각하면 아픔도 행복이다. 나는 잠자리에 들 때와 깨어날 때 "나는 행복하다"고 외친다. 그러다 보니 하루하루 모든 것이 좋아지고 있다. 죽을 이유가 있다면 살 이유도 있고, '자살'도 뒤집으면 '살자'가 된다.

식물도
말을 한다

용산에 있었던 세계일보 강당 뒤쪽에는 2미터가 넘는 행운목이 심어진 두 개의 큰 화분이 있었다. 그런데 하나는 상태가 비교적 괜찮았고 다른 하나는 죽은 것 같아 전문가에게 물어보니, 역시 하나는 죽었고 하나는 살아 있다고 했다.

그러나 내가 보기에는 한겨울에 관리가 잘 안 되었던 것뿐이지 죽은 것은 아니기 때문에 사랑을 주면 살아날 수 있다는 생각이 들었다. 어려서부터 의사가 포기한 여러 가지 병과 동고동락하며 살아왔기에 나는 병든 사람이나 약한 동물을 보면 예사롭게 보아 넘기지를 못한다.

언젠가 친분이 있는 차준영 편집국장에게 누가 화분을 관리해 주었으면 좋겠다고 말했다. 차 국장은 자신의 운전을 맡고 있던 기사에게 부탁하겠다고 했다. 기사는 수시로 물과 영양제를 주어 화초 살리기에 나섰지만 5월이 돌아오고 6월이 되었는데도 전혀 반응이 없었다. 그러자 모두 포기하라고 했지만 나는 끈기를 가지고 정성을 다해 달라고 신신당부를 했다. 놀랍게도 7월이 되자 싹이 조금씩 나기 시작하더니 8월에는 잎이 무성하게 자라기 시작했다.

여기에서 내가 말하고자 하는 것은 이것이 아니다. 그동안 멀쩡하다고 생각되었던 다른 화분의 화초는 무관심 속에서 죽어버렸고, 죽었다고 여겼던 화초가 말짱하게 살아난 것이다. 하찮은 식물도 사랑을 필요로 한다는 것을 행운목이 말하고 있는 것이다.

일본에서 있었던 얘기다.

외딴 집에 강도가 들어 노인을 살해한 뒤 귀중품들을 몽땅 털어갔다. 목격자가 없어 용의자를 찾는 데 애를 먹고 있었다. 방 안에는 선인장이 심어진 화분 한 개가 깨져 있었다. 용의자를 잡아 아무리 심문을 해도 자백을 하지 않았다. 경찰은 목격자를 찾다가 화분을 보고는 이것이다 하며 무릎을 탁 쳤다. '목격자는 선인장이다. 화분의 선인장에다 거짓말 탐지기를 붙여놓고 선인장에게 용의자를 보여보자.' 처음에 몇 명의 용의자를 선인장에게 보여도 반응이 없었는데 나중에 한 용의자가 들어오자 바늘이 심하게 요동쳤다. 선인장이 용하게도 범인을 알아본 것이다. 결국 용의자는 순순히 자백할 수밖에 없었다.

나의 칼럼에 등장하였던 서양화가 채희철 씨는 사고로 한 팔을 잃었다. 그는 남은 한 팔을 이용해 붓 대신 칼로 그림을 그리는데 아주 잘 그린다. 그는 남들이 죽었다며 집 앞에 내다버리는 화분을 모두 주워다 화실에 두고 살리는 것으로 유명하다. 분갈이를 하고 때에 맞춰 물을 수며 좋은 음악을 들려준다. 화초와 끊임없이 대화를 하는데 영혼이 맑은 그는 화초들이 말을 알아듣는다고 말한다.

"화초는 내가 무슨 말을 하는지 알아듣고 반응합니다. 사람이나 꽃에게도 사랑은 중요한 요소이니까요."

그의 화실에는 무성하게 자란 화초가 가득하다. 그는 누구를 비판하거나 원망하지도 않고 뒷담화도 하지 않는다. 누가 남을 욕하거나 비난하면 잘 알아듣도록 주의를 준다. 언어생활에 있어서는 100퍼센트 순수 그 자체다.

"좋은 말에서는 좋은 파장이 나오고 악한 말에서는 악한 파장이 나오지요. 남을 욕하고 비난하면 제일 먼저 자기가 영향을 받습니다. 그것을 모르는 사람은 바보짓을 하고 있는 것입니다."

요즘 화초와 대화하는 사람이 늘어나는데 사랑하는 마음으로 감정을 표현하면 놀랍게도 화초가 반응을 한다. 내가 자주 만나는 칼럼니스트 육혜숙 교수도 그중의 한 사람이다. 육 교수는 화초가 잘 죽어서 관리하기가 몹시 힘이 들었단다.

그러던 중 나의 얘기를 듣고 사랑하는 마음을 화초에 전달했더니 무럭무럭 자랐다고 사진을 찍어 보내왔다. 그뿐만이 아니다. 한동안 남편의 사업이 힘들어 고전했는데 화초들이 잘 자라면서 사업에도 기적처럼 놀라운 변화가 나타났다는 것이다.

식물이라고 단순한 생명으로 여겨선 안 된다. 인간처럼 교감하고 협조하는 위대한 생명이다.

물 한 방울의
힘

　나는 오래전 송해 씨가 진행하는 동양방송의 〈가로수를 누비며〉에 10여 년 가까이 출연하면서 건강한 사람은 건강한 이유가 있음을 알아냈다. 건강과 장수의 비결은 보약이 아니라 자기가 하는 일을 즐기는 것이어서 일이 보람인 사람은 인생이 천국이고, 일이 의무인 사람은 인생이 지옥이 되는 것이다.

　송해 씨는 90세가 넘은 나이지만 아직도 전국을 누비며 〈전국노래자랑〉의 사회를 즐기고 있다. 한번은 송해 씨가 병이 위중해 이름 있는 사회자를 대신 내보냈는데 반응이 생각보다 좋지 않아 한 번의 출연으로 끝났다. 송해 씨는 스스로 즐기며 하는 것이 보였지만 그 방송인은 올바르게 정석으로만 진행하여 출연자나 시청자에게 스트레스를 주었던 것이다. 세상은 즐기는 사람이 성공한다.

학교 다닐 때 언제나 수학에서 만점을 받는 친구에게 물었다.

"수학은 골치 아프지 않나?"

"나는 수학이 제일 재미있어."

누구나 자기가 좋아하는 분야에서는 특별한 재능을 보인다. 직장에서 임원은 아무나 되는 것이 아니다. 그들의 공통점은 일을 즐기는 사람이라는 데서 해답을 찾을 수 있다. 임원치고 일이 지겨운 사람은 없다.

인천 지역에서 학원경영으로 큰 성공을 거둔 소재순 씨는 유통사업에 손을 대어 잘나가고 있을 때 〈기쁨세상〉 축제에 찾아왔다. 대부분 축제에 오는 사람들은 지인의 소개로 오는데 소재순 씨는 책에 소개된 기사를 읽고, 여기저기 묻고 물어 행사장으로 찾아왔다. 많은 책과 성공학 잡지를 탐독하여 만만치 않은 내공을 쌓은 그에게 행사 진행을 맡겼더니 이제는 방송사 사회자를 능가할 정도의 실력을 보여주고 있다.

처마 밑의 주춧돌에 구멍이 뚫린 것은 방울방울 떨어지는 물 한 방울의 힘이다. 물방울 하나는 별것이 아니지만 여러 번 반복되면 바위도 뚫는 것이다. 하루는 소재순 씨가 목에 붕대를 감고 모임에 참석했다. 알고 보니 갑상선 수술을 받고 안정해야 하는데 외출증을 받아 참석한 것이었다. 그만큼 모임에 열정을 가지고 활동하다가 보면 하루가 다르게 향상되는 것은 당연한 일이다.

능력은 저절로 향상되지 않는다. 100톤의 바위를 깨야 다이아몬드 1캐럿이 나오듯 능력도 갈고 닦아야 내 것이 된다. 가수들도 한 곡을 취입하기 위해 최소 500번을 반복하여 연습한다. 남이 보면 쉽게 성공하는 것 같지만 세상에 쉬운 일은 없다.

능력을 최대로 발휘하여 빛을 보려면 첫째는 기뻐하고, 둘째는 감사하며, 셋째는 끊임없이 연마해야 한다. 이 3박자 훈련을 통해서만 최대한의 성취가 가능해지는 것이다.

안부

　부모는 자식의 안부가 언제나 궁금하다. 보고 있어도 보고 싶은 게 부모의 마음이다. 소식이 없으면 얼마나 걱정이 되겠는가. 결코 무소식이 희소식일 수가 없다. 가슴에서 피멍이 번져 나올 것이다.

　일요일에 항상 보이던 얼굴이 안 보이면 별의별 생각이 다 든다. 병이나 사고가 난 것은 아니겠지? 혹시 사업에 무슨 일이 있는 것은 아닐까? 생각이 꼬리에 꼬리를 물고 스쳐 지나간다.

　안부가 걱정되는 것은 사람과 사람끼리만은 아닐 것이다. 절대자라고 예외일까? 눈에서 멀어지면 마음에서도 멀어진다고는 하지만 말이다.

가수 남일해의 〈안부〉라는 노랫말이 가슴을 두드린다.

여보게 지금 어떻게 사는가
자네 집사람도 안녕하신가
지난번 사네를 만난 그날을
손꼽아 보니 한 해가 넘어갔네

자네도 지금 힘들지 않은가
그래도 용기를 잃지 말게
다음 주 토요일은 시간이 어떤가
서울로 한번 올라오게

세상살이 바쁘게 돌아가는 톱니바퀴 같은 거라서
잊고 살았네 모르고 살았네
앞만 보고 살았네 친구여 내 친구야

어느 날 문득 뒤돌아보니
소중한 자네가 거기 있더군
얼마 만인가 자네를 그리며
편지 한 통 띄워 보내는 게

세상살이 바쁘게 돌아가는 톱니바퀴 같은 거라서
잊고 살았네 모르고 살았네
앞만 보고 살았네 친구여 내 친구야

살다 보면 좋은 날도 있고 지금처럼
힘들 때도 있지 여보게 친구야
다시 만날 땐 너털웃음 한번 웃어보세
너털웃음 한번 웃어보세

마음 지우기

광복 후 당시 학생들은 형편없는 학용품을 사용했다. 그때 문구류 공장들은 일본인들이 운영하다 방치하고 돌아간 뒤, 우리나라 사람들이 제대로 된 기술도 전수하지 못한 채 이어 받았으므로 기술과 원료가 턱없이 부족하여 제품도 조악할 수밖에 없었다. 연필심이 자주 부러지는 데다 흐릿하게 쓰여 심에 침을 묻혀 사용했다.

어른들이 아무리 몸에 해롭다고 가르쳐도 필기할 때는 모두 연필심을 입에 넣어 침을 발랐다. 연필심이 자주 부러져 필통에는 항상 연필 깎는 칼을 가지고 다녔다. 하루에도 여러 번 연필을 깎아야만 했다. 게다가 지우개는 잘 지워지지도 않아 몇 번씩 문지르면서 지우다 보면 공책이 찢어지기 일쑤였다.

이 당시의 공책은 짚을 원료로 한 누런색의 마분지馬糞紙로 만들었다. 이런 공책조차 충분하게 보급이 되지 않아 물자 절약을 위해 앞표지에서부터 쓰기 시작하여 뒷표지까지 썼다. 글씨를 많이 쓰려고 깨알처럼 작게 썼던 기억이 난다. 다 쓴 공책은 붓글씨용으로 사용하고, 그 후에는 담배를 말아 피우거나 화장지 대용으로 사용했다.

종이를 구하지 못하는 사람들은 호박잎으로 잎담배를 말아 피웠다. 학생들은 쉬는 시간이면 운동장에다 글씨 쓰는 연습을 하거나 허공에 글씨를 썼다. 학교에서 돌아오는 길에 개울을 건너기 전 모래 위에다 쓰기도 했다. 우리가 유명한 유적지에 갔다가 그곳에 칼이나 매직 펜 등으로 자기 이름을 새기거나 하는 것도 이런 시절을 겪었던 부모님의 유전인자와 관계가 있을 것이다.

어떤 주한 외국인이 주말마다 명산의 바위에 새겨진 이름이나 낙서를 지우는 데 여러 해를 보내고 있다는 뉴스를 접하면서 얼굴이 화끈거렸다. 그러나 정작 우리가 지워야 할 것은 마음속의 아픔, 원한, 미움 등 부정적인 감정들이다. 이런 감정은 자신의 행복을 여지없이 파괴하기 때문이다. 부정적인 감정을 지워버리고 긍정적인 감정을 심어준다면 우리 인생을 180도 전환시킬 수 있다.

경북 구미에 있는 애니콜 공장에 강의를 하러 갔다. 교육담당자가 아주 좋은 정보를 들려주었다. 이곳에서 일하는 사원 대부분은 부모의 사랑을 한창 받아야 할 나이의 소녀들이었다. 아직은 어린 소녀들인 데다 맺힌 것이 많았을 이들의 마음을 순화시키기 위해 좋은 프로그램을 개발했다는 것이다.

자신에게서 지우고 싶은 기억을 백지 위에 기록하도록 하여 새끼줄에 끼워 넣고 영구차에 실은 후 화장장으로 이동을 한다. 가는 동안엔 회심곡을 들려주는데 모두 숙연하게 자신의 인생을 관조하게 된다. 그곳의 한 모퉁이에서 불을 피우고 새끼줄과 함께 자신들의 아픔을 불태운다. 이때 담당자는 이렇게 말한다.

"이제 여러분의 아픔이나 과거는 모두 불타 없어졌습니다. 미움도 아픔도 모두 연기 속에서 재가 되었으므로 이제는 찬란한 미래만 남았습니다. 축하합니다."

팡파르를 울리며 돌아오는 차 안에서는 축제 한마당이 열린다고 한다. 밝고 신나는 음악에 맞춰 춤도 추고 노래도 부른다. 이렇게 해서 하나의 인생이 새롭게 태어나는 것이다. 애니콜이 세계에 우뚝 서게 된 것도 우연이 아니다. 마음이 명품이면 만든 제품도 명품이고, 마음이 불량이면 내 손을 통해 만들어진 제품도 불량이 된다. 인생의 기쁨만 지우려 하지 말고 얼룩진 과거를 지워야 한다.

이처럼 좋은 '마음 훈련' 방법은 마음만 먹으면 학교나 직장, 가정에서도 누구나 할 수 있을 것이다. 실제로 행사를 마치고 나면 진정한 해방감과 함께 기쁨을 맛보게 된다. 나도 이 방법을 수십 년간 해오고 있다. 이 행사 방법을 체험한 사람들은 불평했던 마음을 감사와 행복으로 전환하게 된다. 그러고는 한 번뿐인 인생에서 새롭게 부활한 자신의 모습에 감동, 감격, 감사하게 되었다.

가계도 이야기

K 씨는 일찍 아버지를 여의고 어머니와 육남매가 함께 오순도순 살면서 동생들을 시집장가 보냈다. 자신도 결혼한 뒤 두 아들까지 낳아 어머니를 모시고 별문제 없이 살았다. 그런데 아내가 암에 걸려 수술을 받은 후 절대 안정이 필요하다는 진단을 받았다. 할 수 없이 그동안만이라도 어머니를 여동생 집에서 모시도록 했다.

몇 달이 지나자 아내는 바깥 활동을 하게 되었다. 다시 어머니를 모셔 오겠다는 남편의 얘기에 부부간의 불화는 끊이지를 않았다.

"나는 언제 죽을지 모르는 환자잖아요. 어머니의 자식들이 여섯 명이나 되므로 일 년에 한 집에서 2개월씩만 모시면 되잖아요?"

K 씨는 그 얘기가 옳은 것 같아 동생들을 하나하나 찾아갔다. 그렇지만 모두 모시지 못할 이유만 내세웠다. 집에 돌아와 사정 얘기

를 하자 아내는 결사적으로 반기를 들었다.

"당신의 형제들에게 문제가 있어요. 나는 환자니까 어차피 못 모시는 거지만……."

"건강만 회복되면 모시겠소?"

"그럼요."

"그럼 그때까지 시설에다 모십시다. 죄스럽지만 어떻게 하겠소?"

효자였던 그는 어머니를 시설에다 모셔놓은 후 퇴근할 때마다 가족 몰래 문안을 드렸다.

"어머니, 죄송합니다."

"아니다. 여기에는 말벗이 많아 심심하지 않다. 나에 대해서는 걱정하지 말아라."

그 후 그의 아내는 건강이 좋아지기는커녕 하루가 다르게 몸이 나빠졌다. 일 년 사이에 다섯 번이나 수술을 받았다. 이때 K 씨가 찾아와 하소연을 했다.

"의사들은 수술이 잘 되었다고 하는데 어째 이런 일이 벌어집니까?"

"의사에게 문제가 있는 것이 아닙니다. 병이 회복되면 어머니를 모셔야 된다는 생각이 병을 키우고 있는 겁니다. 그 생각에서 벗어나지 않으면 소생 불가능입니다."

그러던 어느 날 그의 아내는 시어머니보다 먼저 세상을 떠났다.

그리고 일 년 안에 육형제 중에 다섯 명이 중병에 걸리거나 교통사고를 당했고 사업에도 실패했다. 사람에게는 양심의 소리가 있다. 자신의 마음의 소리가 스스로에게 영향을 끼친 것이다. 가정이 흔들리면 가옥만 남는다.

또 다른 예를 하나만 들어보자. 6·25 때의 일이다. 우리 이웃집 남자는 가족들이 지켜보는 앞에서 반동이라는 죄목으로 인민군에 의해 처형당했다. 그 후 부인은 시어머니와 크고 작은 자식들과 함께 힘겹게 하루하루를 버텨 나갔다. 어려워서 한겨울인데도 중병에 걸린 시어머니 방에 불을 때지도 않고 며칠에 한 번씩 밥그릇만 들여놓았다. 그러던 어느 날 아무런 인기척이 없어 방에 들어가 보니 시어머니는 추위와 굶주림으로 죽은 지 여러 날이 지난 터였다.

그 후 큰아들이 장가를 들어 함께 살았는데 자신이 한 것과 똑같은 일이 벌어지고 말았다. 자신도 시어머니처럼 풍을 맞아 대소변도 가리지 못하게 되었다. 그러자 자신의 며느리도 냄새가 난다며 방에 들어오지도 않고 밥만 들여놓았다. 겨울에는 연탄 한 장도 피워주지 않아 추위와 굶주림으로 세상을 떠났다. 공교롭게도 시어머니와 며느리의 제삿날이 똑같았다.

어느 종교기관에서는 가계도家系圖를 그려주고 있다. 그중에서도 김미화 씨는 우리나라 가계도를 그려주는 최고의 전문가이다.

조상과 후손의 관계 중에서 어떠한 일이 왜 생겼으며 앞으로 어떤 현상이 나타날 것인가를 역사적 인물을 등장시켜 설명을 한다. 그리고 인터뷰를 통해 족보를 놓고 그림을 그리는데 조상과 후손에게는 놀랍게도 같은 일들이 반복하여 벌어진다.

효자 가문에 효자가 나고, 조상이 불행하면 자식도 불행한 현상이 나타난다. 우리가 우연이라고 생각했던 것 중에 결코 우연이 없다는 것을 가계도의 전문가들은 말한다. 조상이 뿌린 씨앗을 내가 열매로 거두고, 내가 뿌린 씨앗을 자손이 받아먹는다.

자식에게 아무리 유산을 많이 남겨도 조상이 불행하면 그 영향을 받게 되는 것이다. 중학 시절 교과서에 가계의 유전법칙이 실려 있었는데 지금 생각해도 큰 충격이었다.

프랑스에서는 600년간 가문에 대해 연구를 한 적이 있었다. 범죄자의 가계와 학자의 가계를 비교한 것이다. 범죄자의 가계는 1대가 살인, 강도로부터 시작되었다. 그 후 자손들의 90퍼센트가 강도, 살인범, 사기범 등으로 나타났다.

반면 학자의 가문은 대부분 문학, 예술, 의사, 고위층 관료로 이름을 떨쳤는데 현대과학에서는 유전인자로도 설명이 가능한 범주에 속한다.

요즘은 남녀 간에 연애하고 결혼하는 것을 보면 대부분 어느 학교 출신이며, 어느 정도의 재산을 가졌는지를 먼저 따진다. 또 직장은 올바른가부터 살펴본다. 가계는 어떤지, 누구의 자식인지 따위에는 관심도가 많이 떨어지고 있는 실정이다. 그러나 나는 적어도 이것 정도는 살펴보라고 한다.

조부모와 부모는 행복하게 살았는가?
덕을 쌓은 조상인가, 아닌가?
부모에게 효도를 했는가, 불효를 했는가?
근면 성실한가, 게으름의 표본은 아닌가?
주위에 좋은 친구가 많은가, 외톨이인가?

결혼은 남자와 여자의 만남일 뿐 아니라 가문과 가문의 만남이기도 하다. 얼굴만 보고 한눈에 반해 결혼하는 것이 얼마나 위험한 일인지도 생각해보아야 한다.
결혼이란 반품이나 교환이 결코 불가능한 일이라는 사실을 명심해야 할 것이다.

행복의 씨를 뿌리면
행복의 꽃이 피어난다

　나는 비교적 많은 시인들과 알고 지낸다. 그들 중에는 사람들은 만나지도 않고 오로지 시밖에 모르는 시인도 있고, 시보다는 사람들을 더 사랑하는 시인도 많다. 그러나 결국 사람이 사는 세상이고 보면 시가 주인이 아니라 사람이 주인이며, 사람이 재산이라는 생각을 하게 된다.

　사람들이 많이 북적이는 찜질방이나 불가마 사우나, 음식점 같은 곳에는 시를 예쁜 액자에 적어 걸어 놓은 곳이 많다. 가장 많이 눈에 띄는 시로 허홍구 시인의 시를 들 수 있다. 시를 눈여겨 들여다보면 시를 읽는다는 생각보다는 토속 음식점에서 정담을 나누며 청국장이나 김치찌개, 북어국, 백반 등을 먹는 그런 기분을 느끼게 된다.

그의 시에는 대부분 주위 사람들이 등장한다. 그래서 사람들을 많이 끌어들이는지도 모른다. 시인은 많아도 독자는 턱없이 적은 오늘의 시대에 허 시인의 시집 판매 부수는 모두가 놀랄 정도다. 어떤 시인의 시는 자신이 쓴 시인데 본인도 잘 모를 정도로 난해한 경우가 허다하나. 그런데 허 시인의 시는 초등학생도 읽을 수 있을 정도로 느낌이 강하게 전달된다. 피카소나 중광 스님의 그림을 보고 모두 좋아하는 것도 결국은 작품이 쉽기 때문일 것이다.

허 시인은 오래전부터 서울 중구 필동 〈한국의 집〉 근처에 살면서 비가 오나 눈이 오나 하루도 거르지 않고 새벽같이 남산을 오른 후 광화문의 사무실까지 걸어서 출근한다. 매일 이 정도를 걷는다는 것은 기네스북에 실릴 만한 내용이다.

그의 사무실은 사무실이라기보다는 사람들이 자주 만나고 헤어지는 사랑방이나 다름없다. 오다가다 들르는 사람도 있고, 그를 만나려고 지방에서 올라오는 사람들로 항상 붐빈다. 그는 어떤 손님이든 그냥 보내는 법 없이 꼭 밥이라도 사 먹인 후 보낸다. 허 시인을 만나는 사람들은 한결같이 이런 말을 한다.

"매달 한 번은 꼭 들르는데 만나고 가면 한 달이 행복합니다. 이곳 사무실이 행복 충전소이지요."

행복은 내가 행복해야 나눠줄 수 있다. 행복한 사람에게서는 행복의 파장이 끊임없이 분출되기 때문이다. 행복은 이론이 아니라 실천으로부터 이루어진다. 이처럼 허 시인이 행복 부자가 된 것은 남산 오르기와 관계가 깊다. 한 걸음씩 발을 옮길 때마다 '나는 행복하다'를 마음속으로 읊조리기를 하루에 수없이 반복하다 보니 행복의 도수가 점점 강해진 것이다.

또 산에 오르내리면서 스쳐 지나가는 사람에게 "행복하세요" 하며 축복하는 말을 아끼지 않는다. 그리고 사람뿐만 아니라 눈에 띄는 다람쥐나 토끼, 풀과 나무에게도 행복을 빌어준다. 이것이 생활의 가장 큰 부분이어서 그가 걷는 발자국마다 행복이 소복소복 담겨 있다.

그러다 보니 그의 목소리를 듣거나 눈빛만 마주쳐도 행복이 금방 공유되는 것이다. 한강의 물은 퍼다 쓰면 줄어들지만 행복은 나눌수록 점점 커진다. 허 시인은 주머니에 돈이 있건 없건 상관없이 자석처럼 사람들을 끌어들이는 행복 부자다. 아낌없이 주면 아낌없이 돌아온다는 사실은 기부 천사인 미국의 빌 게이츠를 보면 쉽게 해답이 나온다.

'어떤 말이든지 만 번 이상 되풀이하면
반드시 미래에 그 일은 이루어진다'는 인디언의 금언이 있다.
그만큼 말도 반복하면 틀림없이 이뤄진다는 것을
인디언들도 이미 알고 있었던 것이다.
되고 안 되고는 문제가 아니다.
"잘된다. 잘된다"고 하면 정말로 잘된다.

덕담은
돈보다 더 귀하다

Your words
become
Your destiny

흉 잘 보는 사람에게
흉한 일이 생겨난다

　대부분의 사람들은 자신은 죽어서 지옥에 갈 것이라고 전혀 생각하지 않는다. 자기 잘못은 스스로 눈감아주기 때문이다. 나는 50여 년 동안 날마다 일기를 쓰고 있다. 나 자신의 삶을 객관적으로 조명하기 위해서다. 어떤 날은 부끄러워 쥐구멍에라도 숨고 싶은 날도 있고 또 어떤 날은 자랑스럽게 느껴지는 때가 있게 마련이다. 그러나 나는 절대로 남을 평가하거나 심판하지 않는다. 내가 세상을 만든 주인공이 아니기 때문이다.

　이중섭 화백은 자신을 화나게 한 사람을 욕하지 않기로 소문난 사람이다. 어떤 친구가 그에게 아무개가 당신을 욕하더라고 하면 "특별한 사람이야"라며 가볍게 받아 넘기고 만다. 보통사람이라면 죽일 놈, 살릴 놈, 도둑 놈 등의 막말이나 더 심한 말을 할 수 있는데도 그렇게 하지 않는 것은 이중섭 화백, 그 사람의 인격이다.

텍사스 의과대학의 스미스 박사는 심장학 분야에서 세계적인 권위자다. 어느 날 그는 심장마비로 쓰러진 후에 신비한 체험을 하게 되었다. 사람들이 쓰러진 자기 몸을 응급실로 싣고 가 응급조치하는 모습을 공중에서 보게 된 것이다. 온갖 조치를 다하였으나 효과를 보지 못하자 의사들이 그의 얼굴을 흰 시트로 덮어버렸다.

그는 어딘가로 한없이 가다가는 마침내 심판대 앞에 서서 심판을 받게 되었다. 심판의 기준은 그가 살아생전에 '쏟아낸 말'이었다. 자신이 평소에 무심코 내뱉은 말들이 사람들에게 상처를 입히는 모습을 보게 되었다. 더불어 대수롭지 않게 던진 위로의 말 한 마디가 다른 사람에게 큰 힘이 됨을 알게 되었다. 그가 심판대 앞을 나서는데 커다란 울림의 목소리가 들렸다.

"다시 한 번 기회를 줄 테니 좋은 말을 하며 살아라."

그 순간 깨어났고 다시 살아난 후 병원에 사표를 내고 말을 잘하는 법에 대해 강연을 다니게 되었다.

"우리가 평소에 하는 말이 얼마나 중요한가?"

스미스 박사는 긍정적인 언어를 사용하고 상처를 치유하는 말을 쓰며 감사, 칭찬, 격려의 말로 평생을 살았다. 그러나 내막을 잘 모르는 사람들은 그 좋은 자리를 다 버리고 바보짓을 한다며 비아냥거렸다. 그렇지만 그때마다 '허허허'하고 웃어 넘겼다.

세상에서 가장 강력한 무기는 말이다. 말은 인생을 그르칠 수도, 찬란하게 꽃을 피우게 할 수도 있는 양날의 칼과 같은 특별한 무기다. 어떤 말을 듣고 어떤 말을 하며, 어떤 말을 믿느냐에 따라 승부는 물론 행과 불행도 결정된다. 비난은 살상무기요, 칭찬은 육성 무기이다. 희망의 소리는 희망의 꽃을 피우지만, 상처를 주는 말은 무가치한 역사를 만들 뿐이다.

과거에 어떤 판사 한 분이 아내를 살해한 범인에게 사형선고를 내렸다. 모든 증거가 확실한 데다 본인도 자백을 했기 때문이다. 그러나 얼마 후에 진범이 나타나자 자신의 오판을 크게 자성하며 억울하게 죽은 사형수의 명복을 빌어주려고 머리를 깎고 출가했다. 그분이 바로 효봉 스님이시다. 스님은 구산 스님과 법정 스님을 비롯해 쟁쟁한 분들을 길러 내셨다.

워낙 대단한 스님이어서 말씀을 듣기 위해 전국에서 사람들이 몰려들었다. 너나없이 누구누구를 비난하는 이야기들이 대부분이었다. 그렇지만 끝까지 모든 얘기를 말없이 들은 다음 효봉 스님은 되묻곤 하셨다.

"이제 말 다 했느냐?"

"네, 다 했습니다."

그럼 효봉 스님은 그 사람을 보며 벽력같은 소리를 지른다.

"너나 잘해라."

남을 비판하기 전에 자기 자신은 올바른 길을 가고 있는지 반성하는 것이 무엇보다 중요한데도 똥 묻은 개가 겨 묻은 개를 욕하는 것이 우리가 아닌가 생각하게 된다. 천국과 지옥은 내가 쓰는 말에 따라 결정된다.

미국에 가서 살려면 영어를 해야 하듯 천국에 가서 살려면 천국의 언어로 기쁨, 사랑, 감사의 표현에 숙달되어야 한다.

될 이유
안 될 이유

정년은 점점 짧아지고 수명은 길어지다 보니 무료한 인생을 한탄하며 사는 사람들이 주위에 많아지고 있다. 한이 많은 사람일수록 부정적인 말을 많이 하고, 안 되는 이유에 대해 자기가 아닌 외부에서 원인을 찾다 보니 입에서 나오는 말은 모두가 불평불만과 비난일 수밖에 없다.

그러나 좋은 친구들은 희망과 감사와 기쁨을 이야기한다. 좋은 친구는 만나기만 해도 활기와 기쁨을 공유하게 마련이다. 항상 기쁨을 전하는 95세 청년에 관한 이야기를 하고자 한다.

그는 직장인들이 회사에 출근하듯 아침이면 비가 오나 눈이 오나 도서관으로 출근한다. 살아 있는 동안 좋은 만남을 만들기 위해서다. 좋은 책 한 권이 그에게는 스승이며 친구다. 수십 년을 도서관에 출근하니 모르는 사람이 없을 정도여서 그를 위해 특별한 자리까지 만들어 놓았다.

좋은 책을 읽으면 마음이 즐거워지고 깨달음을 얻으며 뇌가 활성화되어 좋은 파장이 나온다. 뇌가 젊으면 다른 기능도 그에 걸맞게 젊어져 아무도 그가 90대라는 생각을 하지 않는다. 그 흔한 검버섯도 없다. 많은 주위 사람들은 치매에 걸리거나 여러 가지 질병으로 힘들게 살아도 이분의 신체 기능은 60세 미만이었다.

그는 도서관에서 책을 그냥 열지 않는다. 먼저 두 손으로 책을 들고 시공을 초월하여 자기를 만나준 저자에게 깍듯이 인사를 한다.
"저와 만나주셔서 감사합니다. 저는 이 인연을 평생 소중히 간직하고 다음 세상으로 떠나겠습니다."

하루에 한 분씩 만나도 일 년에 360명의 친구와 사귀고 십 년이면 3천 600명과 교류를 하게 된다. 그는 책장을 덮기 전에 다시 한 번 감사의 인사를 하고 중요한 것은 반드시 메모를 해둔 다음 일어난다. 그는 99세로 세상을 떠나기 전에 자녀들을 불러 놓고 다음과 같이 당부했다.

"나의 삶은 축복의 연속이었다. 좋은 여행으로 기쁨을 충전하고 떠난다. 내가 책을 읽고 기록했던 메모는 화장할 때 같이 불태워

라. 저 세상에 가서 참고해야 할지도 모른다."

이 분은 9988234라는 구호대로 살다 가셨다. 9988234란 구십구(99)세까지 팔팔(88)하게 살고 이삼(23)일 누워 있다가 눈을 감(4)은 것이다.

인생은 시간 여행이다. 여행은 무조건 즐거워야 한다. 여행을 하면서 계속 투덜대는 사람은 여행을 하는 것이 아니라 고행을 자초하는 것이다. 여행은 그동안 자신이 살아왔던 환경과 다른 환경에 접해보는 소중한 시간이다.

좌절 속에 사는 사람은 안 될 이유만을 나열한다.

'나이가 많기 때문에……' '돈이 없기 때문에……' '건강이 나쁘기 때문에……' '인복이 없기 때문에……'. 암보다 더 무서운 병은 '때문에'라는 병이다.

위대한 작곡가 주세페 베르디가 80세 되던 해인 1893년에 작곡한 최후의 오페라 〈팔스타프Falstaf〉를 본 관객이 물었다.

"최고의 작곡가가 힘들게 또 오페라를 작곡하셨군요. 이렇게 엄청나게 벅찬 주제를 놓고 말입니다."

그 말을 듣고 있던 베르디는 눈을 지그시 감고 이렇게 대답했다.

"음악가로 평생 완벽을 추구해왔지만 작곡을 완성할 때면 늘 아쉬움이 남았지요. 분명 나는 완벽을 향해 한 번 더 도전해볼 의무가 있다고 생각했지요."

지식은 재산이고 무식은 부채다. 최고의 강자는 지식 부자다. 안 될 이유가 있다면 될 이유도 있다. 최선을 다하면 최선의 결과가 나타난다.

간판 이야기

어디를 가나 음식점이 즐비하다. 자영업자의 대부분은 먹는 것이 남는 것이라는 생각으로 시작하지만 임대료와 상하수도료, 전기료, 인건비 등을 계산하면 쉽게 돈 벌 수 있는 것이 아니다. 어떤 가게는 임대료도 내지 못해 결국 보증금까지 모두 까먹고 손을 터는 경우도 흔히 있다.

우리 사무실 입구의 〈막걸리 축제〉라는 가게는 언제나 손님들로 붐볐다. 이 건물 입구 벽면에는 스프레이로 '막걸리 축제 망한다'라고 아주 커다랗게 써 놓았다. 그 가게와 전혀 관계없는 우리도 글씨를 볼 때마다 기분이 좋지 않았다. 부정적인 말이나 글에서는 좋지 않은 파동이 생겨나기 때문이다. 막걸리를 마시러 오는 손님들도 그 앞을 지날 때마다 큰 소리로 읽고 통과한다.

〈막걸리 축제〉 가게 주인에게 왜 그런 글을 지우지 않느냐고 했더니, 건물 주인이 글씨만 지우면 얼룩이 생기므로 빌딩 벽면 전체를 칠하라고 했다는 것이다. 그러자면 엄청나게 큰 돈이 들게 되므로 그냥 두고 본다는 것이었다. 결국 이 가게는 문을 닫고 몇 번 주인이 바뀌었지만, 다시 시작한 가게들도 얼마 못 하고 문을 닫게 되었다. 망한 가게가 또 망하는 이유는 주인이 바뀌어도 좋지 않은 기운이 그대로 남기 때문이다.

식당을 개업한 후 일 년을 버티는 가게가 매우 드물다. 식당의 주 수입은 음식보다는 술을 팔아서 매상을 올리는 데 있다. 밥장사는 대개 낮 12시부터 오후 3시면 끝난다. 그 외 시간은 밥과 술을 함께 파는데 술이 들어가면 너나없이 좋은 말보다 나쁜 말이 난무한다. 손님들도 어차피 근처 직장인들이기 마련인데 일이 힘들어 한 잔, 속상해서 한 잔 하다 보면 즐겁고 기쁜 대화는 거의 들어볼 수가 없다.

상사나 동료에 대한 비난과 원망이 90퍼센트를 차지한다. 비난과 원망이 반복되면 부정적인 기운이 가득해져 손님들은 자기도 모르게 기분이 좋지 않게 된다. 흉가란 흉한 말의 반복으로 만들어지는 것이어서 말 한마디가 가게의 흥망성쇠를 만드는 것이다.

재미있는 경우는 대형 호프집이 망하는 경우가 거의 없다는 사실이다. 음악을 워낙 크게 틀어 놓다 보니 서로 말이 잘 들리지 않는데 그렇다고 소리소리 지르면서 누구를 욕할 수도 없어 그저 웃으며 '권커니 자커니' 하며 마시는데 이쯤 되면 분위기는 천국이 되고 가게 수명도 길어진다.

　가게 간판도 영업에 커다란 영향을 끼친다. 값이 싸다는 것을 내세우느라고 〈곧 망할 집〉이란 간판을 내건 가게가 있었는데 이 역시 몇 달 못 가서 문을 닫았다. 〈연탄가스 마시고 죽는 집〉이란 연탄구이 집도 부정적인 간판으로 실패한 경우다. 〈생각보다 맛있는 집〉 〈서울에서 두 번째로 잘하는 집〉 등의 간판은 상호가 좋아 성공한 경우다. 명실상부라고 이름과 실제는 같은 영향력을 발휘한다.
　신발 가게 중에 〈똥 밟은 신발〉도 종종 눈에 띄는데 가게 안을 들여다보면 한산할 뿐이다. '창고 대방출' '부도로 망했습니다'라는 광고지를 붙이고 행사를 하는 곳도 더러 있다. 그렇지만 돈을 벌었다는 사람은 보지 못했다.
　아파트 상가에 〈머리끄댕이〉라는 미용실이 문을 열었다. 결국 석 달을 버티지 못하고 문을 닫고 말았다. 이렇게 주인이 바뀌었는데 얼마 되지 않아 또 주인이 바뀌었다. 〈머리 못하는 집〉이라는 간판을 달았는데 역시 몇 달 못 가고 말았다.
　제오XEO 미용실은 서울 압구정점과 이대점을 비롯하여 많은 체인을 갖고 있는 미용그룹이다. 압구정점은 많은 연예인들이 찾아오는 데다 드라마와 영화에 협찬까지 한다. 가게 명칭은 자그마치 6천만 원이라는 거금을 들여 광고 회사인 제일기획에서 만들었다. 좋은 이름 후보군을 만들어 몇 달 동안 사람들이 모여 있는 곳을 찾아가 시장조사를 했다. 그런데 XEO가 압도적인 표 차이로 뽑혔다. X는 가위, E는 빗, O는 거울을 상징한다. 한번 설명을 들으면 잊지 않을 명칭인 데다 고급스러운 느낌마저 전달된다. 사람을 모으려면 좋은 이미지를 내포해야 한다. 왜냐하면 머릿속에 깊이 형성된 이미지는 오래오래 잊혀지지 않기 때문이다.

무엇을 선택하느냐가 얼마나 중요한지를 나타내는 영화 〈포레스트 검프〉의 한 장면이 생각난다.

"인생은 초콜릿 상자에 있는 초콜릿과 같다. 어떤 초콜릿을 선택하느냐에 따라 맛이 달라지듯이 우리의 인생도 어떻게 선택하느냐에 따라 인생의 결과가 달라질 수 있다."

말에는 무에서 유를 만드는 창조력이 있다

함부로 낭비하여 없어진 돈은 다시 벌면 되겠지만, 함부로 말을 하면 만회하기가 어렵다. 그러나 잘못된 말의 습관에 길들어 있는 사람은 부정적인 말을 함부로 하게 된다. 즉 자신의 인생을 되는대로 살면서도 그런지도 모르고 끊임없이 불평만을 거듭한다.

'힘들어 죽겠네' '차라리 때려 치워야지' '미치고 환장하겠네' '적당히 해치워' 등의 말은 자신의 인생을 비참하게 만드는 주문이다. 한 번뿐인 인생이므로 신나고 값지고 보람 있게 살아도 짧은 인생이다. 자신이 어떻게 말하고 어떤 선택을 하면서 살아왔고 살아가는지도 생각해보아야 한다. 내가 무슨 말을 하며 사는지 살펴보고 부정적인 말을 자신의 마음속에서 지워버려야 한다.

'즐겁다' '신난다' '보람있다' '재미가 있다'라고 외치면서 살다 보면 우리의 인생역전도 누워서 떡먹기다.

이용영 씨는 태권도 8단의 고수에다 다재다능한 능력자였다. 그렇지만 사업 실패로 부일푼이 되자 집도 절도 없이 지옥 같은 나날을 보내며 별의별 방정맞은 생각을 다 했다고 한다. 그러나 50세가 되자 마음을 새롭게 먹었다.

'밥만 먹지 말고 마음도 제대로 먹자. 인생을 재정비하면 올해를 인생의 전환점으로 만들 수 있다. 젊어 고생은 사서도 한다지만, 나이가 들었다고 고생을 공짜로 못 하겠는가. 나는 이미 산전수전과 공중전까지 겪은 사람이다.' 이렇게 결심을 한 후 공수특전단 캠프에 입소하기로 하고 원서를 쓰자 곁에서 지켜보던 수능을 본 태권도 4단의 딸이 자기도 같이 하겠다고 원서를 썼다. 아버지가 힘들어하는 것을 지켜본 딸아이는 곁에서 조금이라도 힘이 되어 주려고 결심한 것이다.

고공낙하와 화생방은 교관들도 힘들어 하는 훈련이다. 젊은 사람들도 피하려 들었지만 이 씨는 자청하여 한 번씩 더 했다. 힘이 드니까 더 해보자고 생각한 것인데 끝나는 날 최고의 교육생으로 공수여단장 표창까지 받았다.

의식이 바뀌자 행동도 달라졌다. 그동안 안개 속을 걷는 것처럼 희미했던 미래가 태양처럼 밝아옴을 느끼게 되었다. 이 씨는 이때부터 매일 5분씩 세 번 다음과 같이 외치고 있다.

- 나는 위대한 일을 할 수 있다.
- 나는 내부에 위대한 가능성을 간직하고 있다.
- 나는 아직도 발휘되지 않은 가능성을 간직하고 있다.

그는 이제 50대 중반의 나이가 되었지만 가슴속으로부터 끓어오르는 자신감과 열정만은 20대로 돌아갔으며, 대한민국 최고 강사로 등극했다. 말은 행동을 유발하는 힘이 있어 입에서 나온 말이 뇌에 박히고 자신의 행동을 이끌어간다. 그는 '틀렸다'라는 말 대신 '틀림없다'라는 말로 바꿨으며, 가족들과의 대화 내용도 기쁨, 행복, 감사, 사랑으로 180도 변했다. 100퍼센트의 부정이 100퍼센트의 긍정으로 변한 것이다.

이 씨의 아들은 온라인 교육회사 에듀윌에서 교육담당을 맡고 있다. 딸은 대한항공 승무원으로 세계를 누비며 최고의 인기를 구가한다. 아들과 딸은 어느 탤런트 못지않게 출중한 외모에다 태권도로 다져진 체력의 소유자여서 여의도와 충무로에서 섭외가 올 정도이다. 그래서 서로 며칠씩 얼굴을 보기도 어렵다고 한다. 그러나 온가족이 함께 모이는 날은 새로 입주한 집에서 감격, 감동, 감사로 '홈 스위트 홈'을 합창한다.

말에는 자기를 이끌어가는 견인력과 무에서 유를 만드는 창조력이 있는 것이다.

해봤어?

낙관주의자는 술병에 술이 3분의 1이 있으면, '아직도 술이 3분의 1이나 남았구나'라고 하지만, '비관주의자는' 3분의 1밖에 남지 않았다'고 생각한다. '~이나'와 '~밖에'는 극과 극의 언어다. 전자는 승리자의 언어요, 후자는 패배자의 언어이다. 우리가 대학 시절 많이 했던 얘기가 있다. 똑같은 현상을 낙관주의자가 보는 시각과 비관주의가 보는 시각은 전혀 상반된다. 성공은 말할 나위도 없고 국가 발전이나 세계 발전도 낙관주의자에 의하여 만들어지는 것이다.

당장 끼니를 잇기 힘들어 굶기를 밥 먹듯 하던 것이 우리 세대다. 결혼 초 친구가 놀러 와 밥 한 그릇을 먹고 가면 다음 날은 한 끼를 굶어야 했던 기억이 아직도 새롭다. 1970년대 이전에 기세를 높였던 폐병은 영양실조가 원인으로 많은 사람들이 죽어갔는데 나도 그 대열에 끼여 있었다. 우리나라가 8·15, 6·25, 4·19, 5·16의 어려움을 겪고 혼란스러울 때 박정희라는 낙관주의자가 나타났다.

"내가 대통령이 되면 쌀밥과 고깃국을 배불리 먹을 수 있도록 하겠습니다."

어떤 폭정보다 더 무서운 것이 굶주림이다. 이때 국민들은 감동했고 그를 지지했다. 쌀밥과 고기국은 조상의 제삿날에만 먹을 수 있었던 대단한 음식이었다. 비관주의자들은 그를 거짓말쟁이라고 매도했지만, 역사는 낙관주의자의 손을 들어주었다. 반만년 동안의 굶주림이 하루아침에 기적을 만든 것이다.

고속도로는 경제발전의 핏줄이나 마찬가지여서 핏줄의 흐름이 국가 발전의 기초가 될 것임은 불문가지다. 당시 월남전에서 들어온 돈으로 경부고속도로를 건설하기 위해 기공식을 할 때였다. 이를 반대한 정치인들은 기공식 현장에 드러누워 "우리를 죽이고 공사를 하라"며 아우성을 쳤다. 반대하는 사람들은 차도 몇 대 없는데 돈 있는 사람들 드라이브나 하라고 고속도로를 닦느냐는 것이 그 이유였다. 낙관주의자는 앞으로의 역사를 내다보지만, 비관주의자는 과거에서 벗어나지 못하는 것이다.

또 한 사람의 낙관주의자를 찾는다면 고 정주영 회장이다. 이분은 모두가 불가능이라고 하는 것들을 가능으로 변화시킨 위대한 증인이다. 땅은 좁고 인구는 포화상태여서 서해안 간척사업을 시작했다. 주변의 산을 깎아 바다를 메우는 엄청난 공사였다. 그러나 기껏 흙을 퍼다가 바닷길을 메우고 나면 조류 때문에 흙이 쓸려나가 도로아미타불이 되어 버리자 정 회장이 나섰다.

"그렇게 하다간 백 년이 걸려도 불가능하겠다. 이제 마지막 물막이 작업은 폐유조선을 이용해야겠다. 유조선 안에다 물이나 가득 채워라."

이렇게 하여 그는 우리나라 지도를 바꿔 놓았다.

돈이 없으면 개인이나 국가나 설움을 받게 마련이다. 과거 중동의 각 나라에서 개발에 참여해달라는 통보를 받았지만, 세계 어느 나라도 선뜻 나서지 못했다. 당시엔 우리나라 역시 마찬가지였다. 박 대통령은 정 회장을 불러 상의했다.

"우리가 도약할 수 있는 유일한 기회요. 열사의 땅이라 방법이 없다고 세계 각국이 손을 들었는데 정 회장의 생각은 어떻소?"

"현장에 직접 다녀와서 말씀 올리겠습니다."

그날로 중동으로 날아간 정 회장은 다녀오자마자 청와대로 달려갔다.

"각하, 기뻐하십시오. 가능성은 충분합니다."

"섭씨 40도가 넘는 사막이라 작업이 불가능하다는데……."

"낮에는 잠을 자고 밤에 작업을 하면 됩니다."

"건설에는 물과 모래가 필수조건이 아니오?"

"사막이니 모두가 모래이고 물이야 실어 오면 됩니다."

낮에는 잠을 자고 밤에는 횃불을 켜고 작업을 하는 장면을 세계 각국에서 앞다퉈 보도했으며, 우리나라는 한 단계 도약하게 되었다. 이렇게 하여 달러가 우리를 향해 속속 들어왔다.

낙관주의자는 될 이유를 찾고, 비관주의자는 안 될 이유만을 찾는다. 어떤 일을 앞에 두고 실천해 보지도 않고 안 된다고 하는 사람에게 정 회장이 하는 말이 있다.

"해봤어?"

어떤 일을 시작하면 일단 잘될 것이라고 생각하는 것이 필요하다. 하다 보면 걸림돌이야 생기겠지만, 낙관주의자는 걸림돌을 디딤돌로 활용하고 더 잘될 거라고 생각한다. 30년을 실리콘밸리에서 살아온 톰 피터스는 말한다.

"어떻게 보면 무모해 보이기까지 한 애플과 인텔의 낙관주의가 그들을 초우량 기업으로 성장시키는 것을 지켜보았다. 혁신을 이끌어내는 진정한 힘은 낙관에서 나온다."

결국 비관주의자는 비통의 눈물을 흘리며 한탄하지만, 낙관주의자는 성스러운 땀을 흘리며 축배를 든다. 해를 가린 구름을 바라보며 불평불만을 하는 사람은 비관주의자, 구름 위에 숨어 있는 태양을 바라보는 사람은 낙관주의자이다.

웃음으로 승부하라

21세기는 웃음과 기쁨으로 승부하는 시대다. 근엄하고 점잖은 사람이 존경받던 시대는 이미 지나갔다. 요즘 선거 때 벽보를 보면 너나없이 웃는 얼굴이다. 브라질 첫 여성 대통령으로 당선된 지우마 후세피도 아름다운 웃음이 득표의 가장 큰 힘이었다고 말했다.

진수 테리는 2001년 미국 100대 여성 기업인에 선정되고, 2003년 미국 상무부에서 주는 소수민족 사업가 대상을 받았다. 그녀는 2005년 미국 ABC TV가 선정한 아시아 지도자 11인에 들었다. 그리고 2006년 샌프란시스코 시는 7월 10일을 '진수 테리의 날'로 지정했다.

의류업을 하다가 남편 '샘 테리'를 만나 미국으로 건너 간 그녀는 어떻게든 성공해보려고 일만 열심히 했다. 그런데 7년 만에 해고를 당하자 억울해서 항의를 했다. 엉뚱하게도 이런 답변이 돌아왔다.

"당신은 엔지니어로서 일도 잘하고 학벌도 좋습니다. 그러나 당신의 얼굴엔 미소가 없어 아랫사람들이 따르지 않습니다."

그녀는 표정을 바꾸기 위해 근육 마사지와 표정 연습을 하며 억지로라도 혼자 많이 웃었더니 몇 달이 안 돼 다양한 표정으로 바뀌었다. 표정만 풍부해진 것이 아니라 국제 비즈니스 무대에서 승리할 수 있다는 자신감까지 생겼다.

절대 위기를 절대 기회로 전환한 진수 테리는 그때부터 긍정적인 마인드가 되어 나쁜 일까지도 좋은 일로 유도시켜 나갈 수 있게 되었다.

미국에서는 강사를 초청하면 시간당 평균 5천 달러인데 그녀는 늘 두 배를 요구한다.

"왜 당신은 두 배를 요구합니까?"

"나는 서양 비지니스와 동양 비즈니스에 탁월하므로 두 배는 당연합니다."

"당신 말이 옳습니다. 두 배를 드리지요."

진수 테리의 주특기는 웃음이다. 웃음은 신체 언어 중에 최고의 명품이다. 그녀는 웃음을 통하여 자신을 명품으로 만든 것이다. 반드시 즐거운 일이 있어서 웃는 것이 아니다. 웃다 보면 즐거움의 파장이 주위에 가득해지는 것이다.

웃는 데는 별도의 경비가 들어가지 않지만, 효과는 무궁무진하다. 기업과 국가 경영에도 웃음이 도입되고 대학에서도 웃음학을 가르친다. 암환자도 웃음으로 치료하는 시대다.

진수 테리의 말에 귀를 기울여보자.

"나와 주위 사람 모두에게 즐거움을 가져다 줄 수 있는 재미있는 인생은 바로 웃음입니다. 웃음을 즐기다 보면 성공은 저절로 따라옵니다."

험담은 세 사람을 죽인다

말은 입을 통하여 밖으로 나와 상대방에게 전달된다. 그런데 아쉽게도 그 영향은 상대방보다 자신에게 더 큰 영향을 끼친다. 그래서인지 좋은 말만 하면서 살아가는 성직자들은 보통 사람들보다 장수하면서 행복한 인생을 살아간다. 반면 주로 험담을 잘하는 사람치고 장수하거나 행복하게 살았다는 사람은 찾아보기 힘들다. 자기가 하는 말의 영향은 자신에게 가장 큰 영향을 미친다는 명백한 증거이다.

하루는 석가모니가 제자들과 함께 길을 가는데 누군가가 심한 욕을 퍼부으면서 따라왔다. 그런데도 석가모니가 아무런 반응을 보이지 않자 제자들이 안타까워서 물었다.

"저런 악담을 듣고도 왜 가만히 계십니까?"

"그런가? 그럼 내가 한마디 해주어야겠구나."

"스승님, 당연히 그래야지요."

석가모니는 험담을 하면서 따라오는 사람을 불러 세운 뒤 이렇게 질문했다.

"자네는 집에 중요한 손님들이 오면 음식을 성대하게 차리고 대접을 하는가?"

"두말 하면 잔소리겠지요."

"그런데 손님이 그 음식에 전혀 손을 대지 않고 그냥 돌아가면 어떻게 하겠는가?"

"그렇다면 제가 먹어야지요."

"자네 말이 맞네. 그와 마찬가지로 자네가 한 욕설도 자네가 먹게 되는 것이라네."

그 사람은 그때서야 크게 깨닫고는 무릎을 꿇고 용서를 빈 후 석가모니의 제자가 되었다. 우리는 남의 말은 함부로 하면서도 누가 자신에 대해 좋지 않은 말을 하면 쉽게 흥분을 하곤 한다. 자신의 잘못을 제대로 느끼지 못하는 탓이다. 그러므로 욕을 들었다고 해서 쉽게 흥분을 할 게 아니라 오히려 그 사람을 불쌍히 여겨야 할 것이다.

어느 신부님이 젊은 과부 집에 자주 드나든다는 소문이 동네에

쫙 퍼졌다. 얼마 후 과부는 말기 암 환자로 세상을 등지고 말았다. 결국 신부님은 그녀를 돕기 위해 매일 그 집을 찾아갔다는 사실이 밝혀졌다. 동네에서 소문을 퍼뜨리기에 앞장섰던 여성 두 명은 심한 갈등을 겪다가 신부님을 찾아갔다.

"신부님, 저희들을 용서해주세요. 죽을 죄를 지었습니다."

신부는 그녀들에게 닭털을 한 봉지씩 나눠주면서 들판에 나가 바람에 날리고 오게 했다. 얼마 후 여인들이 헐레벌떡 숨을 몰아쉬면서 돌아왔다.

"닭털을 전부 날리고 왔습니다."

"그래요. 수고했소. 그럼 이번에는 다시 가서 닭털을 모두 주워 오세요."

"바람에 이미 모두 날아가 버린 닭털을 무슨 수로 다시 주워 모으겠습니까?"

"당신들의 말이 맞아요. 누구나가 상대방을 용서해주는 것은 쉽지만 험담은 살인보다도 위험하지요. 살인은 한 사람만 죽이는 것이지만, 험담은 한꺼번에 세 사람을 다치게 합니다. 험담하는 자신과 그것을 듣고 있는 사람, 그 험담의 화제가 되고 있는 사람까지 말입니다."

위하는 사람이
위함을 받는다

사람은 너나없이 에너지가 있다. 사람을 끌어당기는 힘이 있는 사람도 있고, 사람을 밀쳐내는 사람도 있다. 사람을 끌어당기는 사람과 함께하면 승승장구하며 어려움도 없어진다. 끌어당기는 힘을 가진 사람은 자기는 물론 상대방도 성공시킨다. 바로 그 힘이 흡인력이다. 흡인력이 있는 사람은 누구에게나 도움이 되려고 노력하기 때문에 그가 있는 곳에는 많은 사람이 모여든다. 돈을 재산이라고 알지만 알고 보면 사람이 재산이다. 그러나 저절로 보물이 되는 것은 아니다. 불에 달구고 두드려진 쇠가 명검으로 거듭나듯 시련과 역경을 통해 만들어지는 것이다.

조미희 사장의 가계는 암을 비롯한 위험한 유전인자가 있어서 불안과 초조로 많은 세월을 힘들게 살아야 했다. 대장암과 맹장수술을 하며 위기를 겪을 때의 불안은 말로 표현할 수 없었다. 병을 다루는 의사도 죽고 약사도 죽는데 보통사람이라고 해서 뾰족한 수가 있는 게 아니다. 더구나 가족들이 쓰러져 나갈 때 불안감과 상실감은 말할 수 없이 깊었고 자신도 언제 어떻게 세상과 작별할지 모른다는 생각에 한시도 마음 편히 살 수 없었다. 그러나 위기를 위험한 기회라고 생각하는 사람은 방법이 없지만 위대한 기회라고 생각하면 세상이 달라진다.

한 번뿐인 인생 건강하고 행복하기 살기 위해 감사와 사명으로 살다 보니 조미희 사장에게 좋은 인연이 찾아왔다. 남의 잘못은 보지도 듣지도 않고 나쁜 말을 좋게 하며 도움을 받기보다 약자에게 도움 주려는 마음이 되자 자신도 모르는 사이에 좋은 변화가 나타났다. 그 첫 번째가 독일의 생명기업 PMI와의 만남이다. PMI는 건강기능 식품을 세계 각국으로 공급하는데 PMI로 인연이 된 많은 사람들이 그 제품을 통해서 큰 효과를 보았다. 조 사장의 아버지도 병원에서 포기한 상태였는데 PMI의 제품을 복용하고 경과가 좋아져 일 년여 기간 동안 자녀들과의 관계도 정리하고 생을 마감하는 충분한 시간을 보냈다. 조 사장은 제품에 대한 큰 믿음과 비전을 보았으며 본인의 건강도 몰라보게 좋아져서 PMI 본사와 손을 잡고 본격적으로 사업을 시작했다.

PM과 손을 잡은 뒤 자신감이 붙자 그를 통해 같이 사업을 하는 사람도 늘어나기 시작하여 더욱 신명나게 활동을 전개하고 있다. 조미희 사장이 함께 사업하는 사람을 섬기듯 그들 역시 조미희 사장을 섬기는 것이다. 최근에는 이름을 조미희에서 조윤재로 개명했다. 새로운 마음으로 프로 의식을 가지고 도전과 변화로 인생 후반전을 출발하겠다는 의지의 결과였다. 우리는 술을 마실 때만 "위하여"를 외치지만 조윤재 그는 우주와 천지만물을 향해서도 "위하여"를 외치며 산다.

조윤재 사장에게 배우는 위하는 삶 팁 10

01. 위하는 자가 위함을 받는다. 위하며 살아가라.

02. 긍정적인 말만 사용하라. 말이 기도다.

03. 밝게 웃어라. 천지만물이 공명한다.

04. 후배들을 배려하라. 그래야 굳게 뭉쳐진다.

05. 수시로 밥을 함께 먹자. 그것이 단합대회다.

06. 모범을 보여라. 그것이 산교육이다.

07. 귀를 기울여라. 웅변보다 월등히 설득력이 있다.

08. 가끔 선물을 하라. 감사의 에너지가 공유된다.

09. 좋은 책을 선물하라. 일취월장한다.

10. 정기적으로 교육하라. 최고의 팀으로 변신한다.

행운을 안겨주는 옷이
따로 있다

옷장을 열어보면 몇 년이 지나도록 입어보지 않은 옷들이 많다. 코디네이터의 말에 따르면 2년 이상 입지 않은 옷은 과감하게 버리라고 그들은 충고한다. 이미 애정도 떠났으며 인연도 없다는 것이다. 외출을 할 때 아내는 이 옷을 입어보고 거울을 보고, 저 옷을 입어보고 거울을 보느라 아까운 시간을 낭비하게 된다. 남편은 빨리 나오라며 독촉을 하고, 아내는 조금만 더 기다려 달라며 짜증을 부린다. 이는 남편이 아내의 마음을 충분히 읽지 못해서 벌어지는 해프닝이다. 아주 절박하게 기차 시간에 늦을 정도가 아니라면 참고 기다리는 것이 신상(?)에 이롭다.

어떤 옷을 입으면 날아갈 듯 기분이 좋아 일이 잘 풀리는가 하면, 어떤 옷을 입게 되면 이상하게도 시비에 휘말리거나 일이 꼬이는 때가 있다. 그런가 하면 어딘지 모르게 남의 옷을 빌려 입은 것처럼 마음이 불편하게 느껴지는 옷도 있는데 이런 일이 과연 있을 수 있을까?

　서울 종로 3가에서 양복점을 운영하던 사람이 부도 위기에 몰리게 되자 밤새 고민을 하다가 가까운 친구에게 전화를 했다.
　"양복 서른 벌 값만 있으면 이번 위기에서 벗어날 수 있는데 자네가 떠올라 전화를 했네. 은혜는 평생 잊지 않을 걸세. 좀 도와주면 안 되겠는가."
　사정 얘기를 자세히 들은 친구는 한달음에 달려와 이렇게 말했다.
　"친구 좋다는 게 뭔가. 그런데 조건이 있네. 내 옷 한 벌을 만들되 서른 벌을 만든다는 심정으로 정성을 들여 만들어주게나."
　달려온 친구는 자신도 경제적으로 매우 어려움을 겪고 있는 상황이었지만, 양복점 친구의 생사 문제가 걸린 일이어서 흔쾌히 결심을 하였다. 양복점 사장에게 그 자리에서 서른 벌 값의 수표를 끊어주자 사장은 눈물을 글썽이며 고마워했다. 사장은 그날부터 친구의 옷을 만드는 동안엔 가게 문을 닫고 바늘 한 땀 한 땀을 뜰 때마다 정성을 들여 기도를 하면서 만들었다. 그러다 보니 21일 동안이나 걸려 명품 양복이 완성되었다.

　그런데 놀랍게도 친구는 이 양복을 입고 나가서 일을 하면 하는 일마다 대성공이었다. 단종 면허로 하청을 받아 일을 하던 그는 일 년도 못 되어 종합건설회사를 인수하였다. 5년 만에 도급순위 100위 안에 들게 되었는데 입찰에만 나갔다 하면 그에게 낙찰되었다.

　내가 그를 만난 것은 정성들여 만든 양복을 입은 지 25년째 되는 해였다. 그 옷을 입기 위해 체중조절과 운동을 하다 보니 환갑이 훨씬 지났지만, 그는 한창 나이 때의 청년처럼 보였다. 중요한 일이 있을 때는 꼭 그 옷을 입고 나간다며 자랑스럽게 말했다. 옷이 낡아지자 수선을 해가면서 입었다고 한다. 그런데도 옷에서 계속 좋은 에너지가 나오는 것을 느끼게 된다는 것이다.
　일본 속담에 보면 '옷값과 책값은 깎지 말고 더 주어라'는 말이 있다. 좋은 책에서 나오는 기氣는 운명을 바꾸고, 옷값을 더 주면 만들 때 그만큼 정성이 더 들어간다는 것을 강조하기 위함일 것이다. 이런 긍정적인 원리를 아는 사람은 콩나물 값을 깎으면 깎았지 옷값과 책값은 깎지 않을 것임은 자명하다.

　한때 나는 서울 대한극장 앞 진양 아파트에서 살았다. 그곳의 1층 상가는 모두 양복점들이 차지하고 있었다. 그런데 그중에 L양복점은 언제나 손님들로 붐볐다. 대부분의 양복점은 오전 10시가 지나서야 문을 열거나 아니면 오후 늦게나 문을 열었는데 L양복점은 새벽 6시면 언제나 가게 문을 열었다.

문을 활짝 열고 환기換氣를 시켰다. 환기란 기氣를 바꾼다는 뜻이다. 그리고 사장은 언제나 문 앞에 서서 정말로 손님이 온 것처럼 웃으면서 "어서오세요. 찾아주셔서 감사합니다" 등의 인사말을 외쳤다.

"이렇게 할 때 정말로 손님의 모습이 보입니다. 그러면 낮에 그 손님이 틀림없이 가게로 오시지요."

L양복점은 불경기가 없어 연중무휴로 문을 열었다. 잘되는 집은 활기活氣가 넘치게 마련이다. 활기란 살아서 움직이는 기운氣運이다. 그래서 잘되는 집은 더욱 잘되고, 힘든 집은 더욱 힘들게 되는가 보다. 장사를 하는 사람들 중에 재고가 쌓이면 팔리지 않는 옷들을 한데 모아 행사장에서 판매를 하는 경우가 있다. 행사장의 곳곳에는 꼭 이런 포스터가 붙어 있다.

'쫄딱 망했습니다. 똥값에 드리겠습니다'

나는 이런 행사장에는 거의 들어가지 않는다. 망할 때의 아픔이 옷에 배어들지 말라는 법이 없기 때문이다. 곰곰이 생각해보면 물건을 헐값에 싸게 샀다고 좋아할 일만은 결코 아니다.

첫인상을 좋게 하는 방법 50

현관의 문 안으로는 열쇠만 있으면 언제나 들어갈 수 있지만, 마음의 문은 쉽게 열리지 않는 법이다. 대인관계에서는 첫인상도 매우 중요하지만, 대화의 문을 열지 못하면 쇠귀에 경 읽기일 뿐이다. 만난 후 5분 이내에 나에 대한 인상은 결정된다. 호감으로 대화의 문을 열려면 다음처럼 말하라.

01. 밝은 미소를 지어라. 마음은 자동문처럼 스르르 열린다.
02. 만남을 기뻐하라. 기쁨이 공유되면 인생이 천국이 된다.
03. 힘차게 손을 잡아라. 악수는 하나됨의 신체 언어다.
04. 상대방에 대하여 미리 연구하라. 준비만 철저하면 십년지기처럼 가까워진다.
05. 눈을 보고 말하라. 두리번거리면 수사관으로 착각한다.
06. 명함은 나를 밝히는 신상명세서다. 특색 있는 명함을 사용하라.
07. 받은 명함을 자세히 읽어라. 마음까지 읽으면 금상첨화다.
08. 이름을 정확히 기억하라. 성과 이름을 틀리게 부르면 감점된다.
09. 똑똑히 발음하라. 음성이 인상의 80퍼센트 이상을 차지한다.
10. 상대방의 특징을 찾아보라. 특징과 이름을 연계하면 기억하기 쉽다.
11. 이름으로 삼행시를 지어줘라. 평생 잊지 못할 것이다.
12. 신뢰감을 보여줘라. 그러면 벽이 없어진다.
13. 유머는 대화의 윤활유다. 유머리스트가 되어라.

14. 긴장하지 말라. 편안하게 대해야 벽이 없어진다.

15. 자기 자랑을 하면 역겹게 느껴진다. 상대방을 칭찬하라.

16. 자기 말에 맞장구를 쳐주면 신바람이 난다. 추임새를 잊지 말라.

17. 공동 관심사만 얘기하라. 남의 다리를 긁으면 안 된다.

18. 종교와 정치는 거론하지 말라. 오히려 좋은 기회를 놓칠 수 있다.

19. 중요한 대목은 메모하며 들어라. 자긍심을 느낀다.

20. 나의 생각과 달라도 지적하지 말라. 그냥 미소를 지어라.

21. 말에는 온도가 있다. 온화하게 말하면 저절로 끌려온다.

22. 맛깔스럽게 말하라. 음식만 맛이 있는 것은 아니다.

23. 향기나는 말을 써라. 사람의 향기는 오래오래 지속된다.

24. 긍정적인 말만 하라. 누구나 밝음을 좋아한다.

25. 사적인 문제는 질문하지 말라. 크게 결례가 된다.

26. 말할 때나 들을 때는 상대방을 쳐다보라. 한눈을 팔면 실격이다.

27. 돈을 아끼지 말라. 그러나 말은 아껴야 한다.

28. 필요한 때 필요한 말을 필요한 만큼 하라. 그게 적시 안타다.

29. 생각하고 말하라. 말한 다음에 다시 생각해야 실수가 없다.

30. 이해상관을 초월하라. 이익을 생각하면 두꺼운 벽이 생기게 된다.

31. 자신을 사랑하는 사람은 남도 사랑한다. 스스로를 좋아하라.

32. 호감을 표시하라. 감동의 싹이 튼다.

33. 취미를 말하라. 동일한 취미는 형제보다 더 가깝게 만든다.

34. 중요한 말은 복명하고 복창하라. 상대를 끄는 힘이 생긴다.

35. 칭찬받고 화내는 사람은 없다. 칭찬의 달인이 되어라.

36. 아끼고 위하는 자세를 보여라. 위하는 자가 위함을 받는다.

37. 가치 있는 사람이 되어라. 비전 있는 사람은 너나없이 좋아한다.

38. 끝까지 예절을 지켜라. 예절은 자신의 인격이다.

39. 부담을 주지 말라. 부담을 느끼면 두 번 다시는 만나주지 않는다.

40. 섬김의 자세로 대하라. 나를 낮추면 저절로 높아진다.

41. 품격 있는 대화는 자신을 돋보인다. 용어의 선택에 주의하라.

42. 손을 꼬옥 잡은 후 헤어져라. 손의 온기가 뇌 속에 영원히 기록된다.

43. 돌아오면서 다시 전화하라. 좋은 인상이 두고두고 연결된다.

44. 이메일 주소를 입력하고 수시로 관리하라. 돈이 아니라 사람이 자산이다.

45. 좋은 사람과 연결시켜줘라. 좋은 그룹이 된다.

46. 상대방의 기분을 항상 배려하라. 마음을 열고 행동까지 변한다.

47. 관심을 지속하라. 관심이 끊어지면 기억에서도 멀어진다.

48. 혼자 말하지 말라. 대화는 일방통행이 아니라 쌍방교류다.

49. 인연은 모두 소중한 것이다. 끝까지 관리하라.

50. 다시 만날 때는 이름을 불러라. 반가움으로 환영받는 최고 인사가 된다.

듣고 싶어 하는 말을 제공하라

음식점 메뉴판을 보면 메뉴가 참으로 다양하다. 그 많은 것 중에 먹고 싶은 메뉴를 주문하면 주방에서는 주문서대로 만들어서 고객 테이블로 보낸다. 요리사가 좋아하는 메뉴냐 아니냐는 상관없이 고객의 주문에 따라 성실하게 만들어 제공한다. 고객의 입맛에 맞고 고객이 좋아하는 메뉴 제공이야말로 음식점의 성공 비결이다.

성공적인 인생을 살아가려면 음식점의 메뉴를 염두에 두는 것도 바람직한 일이다. 내가 제공하고 싶은 메뉴가 아니라 상대방이 원하는 메뉴를 제공할 줄 아는 것이 현명하다. "제발 그만 하세요"라는 볼멘소리가 나와도 계속 말을 하기 때문에 문제가 발생한다. 우리는 가끔 내가 좋아하는 말이라면 상대방도 좋아할 것이라고 생각하기 쉬운데 그것은 커다란 착각에 불과하다.

요즘에는 음악으로 질병을 치료하기도 한다. 이를 음악치료라고 하는데 우울증 환자에게 처음부터 무조건 경쾌하고 신나는 음악을 들려주는 것은 금물이다. 그것은 너무 성급한 방법이다. 처음에는 환자의 질병 상황과 비슷한 우울한 음악을 틀어주어 동조상태를 만들어 놓은 다음 서서히 밝은 음악으로 변화해가는 것이 현명한 방법이다. 이와 더불어 치과의 예를 들어보자. 치과에서 치열 교정을 할 때 눈에 보이지 않도록 아주 서서히 조여 오랜 기간에 걸쳐 교정하는 것도 눈여겨볼 일이다.

외국의 유명 가수나 연주자가 우리나라에서 공연할 때 우리 음악을 몇 곡 들려주면 관중은 매우 열광을 한다. 외국의 강사가 우리나라에 와서 강연을 할 때는 수억 원의 강사료를 지불한다. 항공료와 체재비는 별도다. 이들도 단상에 오르면 더듬거리면서 "안녕하십니까?"라고 어설프게나마 우리나라 말로 인사를 한 후 강연을 시작한다. 이런 행동이 상대방에 대한 이해요, 배려인 것이다.

남북, 여야, 노사 문제는 말할 나위가 없고 부부, 부모와 자식, 선생과 학생 간의 문제들도 내가 하고 싶은 말만 하기 때문에 벽에 부딪히게 되는 것이다. 직장인들이 가장 듣기 싫어하는 말이 왜 사장의 말인지, 학생들이 싫어하는 말은 왜 교장의 훈시인지도 곰곰이 생각해야 할 것이다.

인간관계의 성공자냐 실패자냐는 시간문제다. 상대방이 듣고 싶어 하는 말을 하는 사람은 모두가 존경하지만, 자기가 하고 싶은 말만 하다 보면 어리석은 중생이 되고 마는 것이다. 상대방이 좋아하는 말, 듣고 싶어 하는 말은 제대로 하지 못하는 반면 상처를 주는 말만 하는 것은 부모에게서 그렇게 배워왔기 때문일 것이다. 자신의 부모 또한 윗대로부터 그렇게 배워왔기 때문에 그 범주에서 벗어나지 못하는 것이다.

우리가 대부분 듣고 싶은 말은 마음을 넓고 깊게 해주는 '미안합니다'이다. 그러나 자신이 잘못했거나 실수를 했는데도 불구하고 '미안하다'는 말은커녕 오히려 눈을 동그랗게 뜨고 "그게 어때서?"라며 자기를 옹호하기에 바쁘다.

어떤 종교 지도자가 전국의 과수원에 있는 사과를 모두 사들여 교인들에게 나눠줬다. 말로 사과를 못 하므로 사과를 먹으면서 서로 사과를 하라는 뜻이었다. 과수원의 사과를 모두 사들여 나눠주었지만 부족하자 이번에는 배를 사들여 사과를 못 받은 교인들에게 발송하며 '배로 사과하라'는 메시지를 전달했다.

말 중에 가장 격조가 높고 겸손한 인격의 탑을 쌓는 말은 '고맙습니다'라는 말이다. 고맙다는 말을 반복하면 놀라울 정도의 에너지가 쌓여 기적이 나타나는데도 우리는 이 말 역시 잘 하지 못한다. "감사할 일이 없는데 어떻게 하지"라고 하는 사람을 향해 예수가 말했다. "범사에 감사하라." 좋고 나쁘고를 떠나 조건 없이 모든 일에 감사하라는 뜻이다. 성인들은 범사에 감사함을 실천한 사람이다.

  나는 강연 중에 아내에게 '사랑한다'는 말을 해본 사람과 해보지 못한 사람을 나누어본다. 그런데 연령대가 높을수록 사랑한다는 말을 한 번도 못 해본 사람이 더 많은 것을 알 수 있다. 옛날 사람들일수록 습관이 안 되어 입에서 나오지 않는 것이다. 가슴을 뛰게 하는 감미로운 말 '사랑합니다'를 입속으로 외우기만 해도 가슴은 뜨거워지고 행복해진다.

  '사랑한다'는 말을 죽어도 못 하겠다는 사람들에게 아이디어를 제공하였다. 가수 하수영의 〈아내에게 바치는 노래〉를 배워서는 술이 거나하게 취해 집에 들어갈 때 부르도록 하였다. 이렇게 실제로 행동을 하자 예전 같았으면 잔소리를 했을 아내가 그날은 꿀물을 타다 주었다는 것이다.

  서로간에 상대방이 듣고 싶은 말만 하여도 행복한 가정, 기쁨이 넘치는 가정을 만들기는 누워서 떡먹기다.

우리 것은
좋은 것이여

한때 구제품이 비싼 값에 거래되었다. 미제는 무엇이 달라도 다르다는 말이 나돌곤 했다. 구제품은 미국 넝마에 불과한데도 미제라면 환장하던 시대였다. 내 것을 우습게 생각하다 보니 우리나라 좋은 나라는 노래에만 있고 너나없이 우리나라를 욕하고 남의 나라를 칭송했다. '남의 밥에 든 콩이 커 보인다'는 속담 때문이었나.

해방된 지 많은 세월이 흘렀는데도 방송국에서는 국악을 기피해 왔다. 일본의 식민정책의 영향이다. 애국심이 눈곱만큼이라도 있었더라면 얘기는 달라진다. 이래서는 안 되겠다는 생각을 한 삼성의 이병철 회장은 동양방송국을 만들면서 국악을 주요 시간대에 편성하라고 지시했다. 그동안 국악은 사람들이 잠든 심야 시간대에 편성하였는데 그 관행을 깬 것이다. 국악인 박동진 선생이 늘 강조하던 '우리 것은 좋은 것이여'라는 멘트가 아직도 귀에 쟁쟁하다.

그러나 몸으로 뛰며 보여주는 애국자도 있다. 임형주 명인은 국내보다 해외에서 더 유명한 국악인이요 한식의 특별한 기능보유자다. 그는 중국에 오래 머물며 정치인, 외교관, 사업가들에게 우리 가락을 들려주고 우리 음식을 제공하여 한국의 우수성을 전파한 민간 외교관이다. 귀국한 지금도 수많은 단체와 기관에서 그를 초청하는데 〈기쁨세상〉에서도 매달 빠지지 않고 우리가락을 들려주고 손수 담은 명품김치를 제공한다. 솜씨는 손에서 나오는 씨앗이다. 그 씨앗의 힘으로 맛과 생명력이 나온다. 해외여행을 갈 때 임형주 명인이 손수 만든 무공해 김치를 가지고 가는 사람도 많다.

그의 가락을 들으려고 초청하는 곳에서도 우리 가락만 주문하는 것이 아니라 김치도 주문한다. 마음만 즐겁게 하는 것이 아니라 입도 즐거워야 하기 때문이다. 임형주 명인의 음식 솜씨는 이미 국내외로 정평이 나 있다. 한번 그가 만든 김치를 맛본 사람은 영원히 그 맛과 에너지를 공유하게 된다.

대학에도 우리의 국악을 전공하는 학과가 있고, 애국가를 국악기로 연주하는 기관이 있는가 하면 국악 찬송을 고집하는 교회도 늘어나고 있다. 임형주 명인의 우리 가락을 들으면 우리 것이 얼마나 중요한가를 다시 한 번 깨닫게 된다. 한 예로 한국을 찾는 일본 관광객 중에는 막걸리를 마시려고 오는 사람도 많다고 한다.

　세계에서 가장 아름다운 노래에 압도적으로 〈아리랑〉이 꼽혔다. 각국 찬송가 중에서도 제일 인기 있는 노래가 〈아리랑〉이다. 한국은 세계의 영원한 고향이다.

날마다 15분씩 행복에 대한 책을
소리 내어 읽어라

어느 대학에서나 졸업식은 중요한 행사이지만 세계의 매스컴은 하버드대학 졸업식의 총장 연설에 특별한 관심을 갖는다. 졸업이란 학업의 마침이지만 인생에의 새로운 도전이고 출발이어서 학생은 물론 학부모들도 총장 연설에 조용히 귀를 기울이는 것이다.

"하루에 15분씩만 행복에 대한 책을 큰소리로 읽으십시오. 10년이면 하버드대학 출신들도 놀랄 정도의 변화가 생길 것임을 보증합니다."

사람들은 하루 세 번씩 몸의 영양인 식사를 하지만 마음의 영양인 책 읽기에는 등한시한다. 워낙 접해야 할 정보가 잡다하기 때문이다. 책에서 느끼는 감동도 감동이지만 읽을 때마다 좋은 파동이 뇌세포를 변화시킨다. 읽거나 말로 표현하면 그에 걸맞은 파동이 생겨 자신과 주위에 영향을 미치게 된다. 행복해하는 사람을 만나기만 해도 행복해지는 것은 바로 그런 파동의 영향 때문이다.

강력한 자석에 쇠를 붙여 놓으면 쇠도 자석이 되는 것처럼 행복과 불행도 강한 쪽으로 끌려간다. 부모가 행복하면 자녀도 행복해지고, 부모가 불행하면 자녀도 그 영향을 받게 된다. 너나없이 돈을 많이 벌면 행복해질 것이라며 목숨을 걸고 돈을 좇아다니지만 오히려 남을 배려하는 사람에게 돈은 따라오게 된다. 배려는 사랑이요, 기다림이기 때문이다.

남을 돕는 것을 즐기고 사랑하는 이들과 강한 유대를 유지하며, 친구나 가족들에게 정신적 보상을 제공하는 생활을 하면 행복해진다. 행복한 사람일수록 돈을 많이 벌고 돈의 가치를 상위에 놓는 사람일수록 더욱 그 반대의 처지가 된다. 돈 때문에 남을 미워하면 그 감정은 자기를 통하여 전달되기 때문에 제일 먼저 자신에게 영향을 미치는 것이다.

2천 년 전 예수님께서 "원수를 사랑하라"고 한 것도 행복해지는 데 용서처럼 효과적인 메뉴도 없음을 알려준 것이다. 언어생활에 있어 긍정적이며 적극적인 언어로 변화시키는 것이 최상의 행복 비결이다. 하루 온종일 불평과 불만으로 보낸 일은 없는지를 곰곰이 생각해보자. 음식만 골라 먹지 말고 말도 골라서 하는 사람이 현명한 사람이다. 아무리 박사학위를 열 개씩 가지고 있어도 되는 대로 함부로 말하는 사람은 무지한 사람이다. 보석은 갈고 닦아야 찬란한 빛이 나듯, 얼도 갈고 닦아야 참다운 모습이 나타난다. 살아있는 얼이 '생얼'이요, 얼이 빛을 잃으면 '얼빠진 사람'이 된다.

부드럽고 따뜻하게 말하라

부드러운 빵을 좋아하는 사람도 말은 거칠게 한다. 마음이 황폐하다는 증거다. 짜증나는 소리, 볼멘 소리, 퉁명스러운 소리는 점수로 따지면 0점 이하에 속한다. 이런 말들은 가정을 황무지로 만드는 독소가 배어나오는 말이다. 많은 가정이 총체적 위기를 맞고 있는 것은 황폐한 말버릇 때문이다. 아내가 '아프다'고 하면 어떻게 대응하는지를 스스로 생각해보자.

짜증나는 목소리로 "또 아파? 병원에 한번 가봐. 이제 그 몸도 다 됐군" 하거나 "내가 의사야? 약국에 가서 약 사먹으면 될 거 아냐"라고 퉁명스럽게 말하는 사람도 있다. 이쯤 되면 이름만 남편이지 이웃집 남자만도 못하다.

"어서 옷 입어요. 같이 병원에 가봅시다."

부드럽고 따뜻한 말 한마디에는 치유의 에너지가 들어 있다. 몸만 어루만지는 것이 아니라 마음까지도 어루만지는 사람이 되려면 감성적으로 말하는 법부터 깨우쳐야 한다.

형 중에 한 분은 군의관 출신으로 수도육군병원장을 지내고 예편하여 의원을 개설했지만 3개월을 버티지 못하고 폐업 신고를 했다. 환자를 부하 다루듯 명령만 하다 보니 손님이 오지 않아 문을 닫은 것이다. 형님은 '고객이 왕'이라는 사실을 깨닫지 못했던 것이다.

당구대는 사방이 쿠션으로 만들어져 있다. 공이 쿠션을 맞고 부드럽게 굴러 나오게 하기 위해서다. 세 군데의 쿠션을 맞고 공을 맞추면 쓰리쿠션이라고 해서 점수가 높게 나온다. 말에도 쿠션이 있어야 한다. 말 그대로 부드러운 언어다.

실례합니다만……, 죄송합니다……, 번거로우시겠지만……, 괜찮으시다면…….

이런 말은 상대방에 대한 세심한 배려로 존중받는 느낌을 주는데 대인관계에서 감성언어는 절대적이다. 마음에서 우러나오는 언어습관이나 상대를 존경하는 태도가 선행되면 감성언어가 저절로 나온다. 내가 감성언어를 사용하면 상대방도 역시 같은 언어를 사용한다. 가는 말이 고우면 오는 말도 곱게 마련이다.

어른들은 말을 아주 길게 하면서도 아이들의 말은 바쁘다는 핑계로 끝까지 들어주지 않는다. 이런 것들이 쌓이면 아이들도 입을 닫아버리고 소통이 안 돼 불행해진 경우를 흔히 찾아볼 수 있다.

공자는 세살 먹은 아이의 말에도 귀를 기울였다. 자녀들이라고 고민이 없는 것은 아니다. 종합병원에 가보면 소아정신과가 있다. 아이들도 인간인 이상 고민도 있고 갈등도 있기에 잘 들어주고 인정하면 저절로 치유가 될 것인데도 어른들은 그런 생각조차 하지를 못한다. 아이들이 무엇을 물으면 신문을 보면서 건성으로 '응, 응' 하지 말고 아이들을 정면으로 바라봐야 한다. 아이가 고민을 털어놓지 못하는 것도 어려워서 못하는 것이 아니라 평소 잘 하지 않기 때문에 못하는 것이다.

요즘은 가족 구성원 모두가 제각각 바쁘다 보니 서로 얼굴을 보고 대화다운 대화를 나눌 시간이 없다. "밥 먹었냐. 피자 먹고 싶으면 배달시켜" 등의 말만 주고받을 뿐이다. 행복이 실종되면 가정은 지옥으로 변한다. 가정에서부터 온화하고 부드러운 말을 하면 직장에서도 자연스럽게 부드러운 말을 하게 된다. 내가 직장에서 제대로 의사 표현을 하지 못하는 것도 어려서 부모와의 대화 훈련이 제대로 안 된 상태에서 성장했기 때문이다. '부전자전모전여전'이라는 말은 매우 의미심장한 말이다. 지금 내 모습이 미래의 자녀들 모습이다.

좋은 글을 읽으면
좋은 파동의 주인공이 된다

최현호 씨는 23세에 행정고시에 합격했다. 다른 사람들처럼 머리를 싸매고 공부한 것이 아니라 놀이 삼아서 공부를 했는데 당당하게 합격한 것이다. 그는 지금껏 살아오면서 힘든 일이란 상상도 못 했고 모든 일이 수월하게 풀렸다.

이유는 다른 데 있지 않았다. 딸 셋에다 아들 하나인 집에 태어난 그는 아버지의 엄격한 훈련 속에서 자라났다. 누이들은 취침하도록 놔두고 유독 자신만 새벽같이 일어나 소리 내어 책을 읽도록 했던 것이다.

"아버지는 저에게 책을 많이 사주셨지요. 주로 위인전과 명작 시리즈였습니다. 잠은 쏟아지는데 새벽 일찍 깨워 큰 소리로 읽게 할 때는 야속할 때가 한두 번이 아니었어요. 이렇게 해서 유년 시절에 수천 권은 읽었을 겁니다."

책을 눈으로만 읽는 것과 소리 내어 읽는 것은 큰 차이가 있다. 보면서 읽는 것을 시청각 교육이라고 하는데 교육 효과는 열 배 이상 차이가 나게 된다.

소리를 내면 그에 걸맞은 파동이 생기고 파동은 자신은 물론 주위에 놀라운 영향을 미치게 된다. 최 씨는 어린 나이에 이미 위인의 파동을 온몸에 흡수하여 위인들의 의식과 사상을 공유하게 되었다. 그를 보고 모두가 '크게 될 놈'이라고 한마디씩 했다. 이렇게 해서 될 성 부른 나무로 성장한 것이다. 공부도 하라고 해서 한 것이 아니라 스스로 알아서 했다. 이미 수십 년 전 그는 자기주도학습을 실천한 것이다.

그러나 여기서 끝난 것이 아니었다. 자기가 읽은 책의 내용을 날마다 아이들에게 들려주다 보니 초등학생이 대학생 뺨칠 정도로 발표력이 생기고 리더십도 생겨났다. 같은 반 아이들은 수업시간에는 떠들어도 그가 얘기할 때는 극장에서 공연을 보듯 열광했다.

"정말 훌륭해"라는 소리를 들으며 자신감과 자부심을 키웠던 것이다.

생각이 근본적으로 바뀌지 않으면 아무것도 변화시키지 못한다.

아파트의 실내를 늘리려고 베란다를 없애는 집도 있지만 이 정도를 가지고 아파트가 변한 것은 아니다. 서울 양평동의 평화아파트는 오래되어 너무 낡았다. 몇 년에 걸쳐 리모델링하여 완전히 새로운 아파트로 변화시켜 매스컴에 자주 오르내린다. 허물고 새로 지은 것이 아니라 골조만 살리고 모두 새롭게 만들어 판잣집 같던 아파트가 궁전으로 변한 것이다.

개천에서 용이 나는 것도 이렇게 변하면 불가능이 아니다. 사람의 파동은 '말'이다. 따라서 말을 바꾸는 것이 무엇보다 중요하다. 말로 표현하는 동안 자신도 모르게 파동이 바뀌고, 주위 사람들의 시선이 바뀌고, 점차 자신의 행동도 바뀌어 질병이 치유되고 사업에서도 성공할 수 있다.

최 씨는 행정고시에 합격하고서도 공직에 들어가지 않았다. 많은 젊은이에게 좋은 파동을 전수하여 인재를 양성하기 위해 서울 목동과 압구정동에서 EM 베스트 학원을 경영하고 있다. 부모는 성적에만 매달려서 아이들에게 공부하라는 소리만 해서는 안 된다. 짧은 시간이라도 좋은 책을 읽게 하여 좋은 성품을 만들어줘야 한다.

가난한 링컨은 하늘이 훤히 보이는 통나무집에 살면서도 이웃집에서 책을 빌려 읽었다는 얘기로 아주 유명하다. 좋은 책의 에너지가 얼마나 대단한지를 보여주는 좋은 예라 하겠다. 결과적으로 링컨은 학교는 다니지 못했어도 미국에서 가장 존경받는 대통령이 되었다.

프로가 되려면
프로처럼 행동하라

공장에서 제품을 만드는 마지막 공정은 품질검사다. 꼼꼼하게 살펴보고 조금이라도 하자가 있으면 폐기하는 것이다. 도자기 공장에 가보면 깨진 파편이 수북하게 쌓여 있다. 작품에 조금이라도 하자가 발견되면 그 자리에서 박살을 내고 만다. 도자기 한 점이 수천만 원짜리라 하더라도 문제가 보이면 공들여 만든 작품도 사정없이 폐기한다.

좋은 이미지를 가진 사람은 어디서나 빛을 발한다. 그 첫째가 호감이 가는 음성 품질이다. 성악가들이 평생 발성 연습을 하는 것도 음성 품질 관리 방법 중의 하나다. 음성 품질에 최고 등급인 별 다섯 개를 줄 수 있는 직업은 아나운서다. 아나운서는 정확한 발음을 위해 볼펜을 입에 물고 말하는 훈련, 복식호흡을 통한 발성훈련을 한다. 직업 자체가 정확한 정보를 신뢰감이 있는 음성으로 전달해야 하므로 초보시절 어떻게 교육을 받느냐에 따라 아나운서로서의 성공과 실패가 결정된다. 음성 훈련을 통해 호감이 가는 목소리, 신뢰감을 주는 목소리로 정확한 전달력을 갖게 하는데 발음 훈련은 무엇보다 중요하다.

좋은 음성을 만들려면 복식호흡을 해야 한다. 복식호흡은 숨을 들이쉬었을 때 배가 나오고, 내쉴 때 배가 들어간다. 복식호흡을 하며 발성을 할 때 배에 힘을 주어 말을 하면 안정적인 발성을 할 수 있어 말을 많이 해도 목에 무리가 가지 않을 뿐 아니라 신뢰감과 자신감을 심어줄 수 있다. 말을 하는 직업의 사람들은 성대 결절이 생기기 쉽지만 단전호흡에 익숙해지면 걱정하지 않아도 된다.

소리를 내어 신문의 칼럼이나 논설 등을 읽는 연습을 해보도록 하자. 글을 읽기 전에 280음절 정도 부분을 표시해 놓고 일 분 안에 소리 내어 읽는 연습을 해도 좋다. 이런 연습을 한 달 정도 하게 되면 자연스러운 억양과 속도, 발성 등이 만들어진다.

기독교, 가톨릭, 불교 채널에서는 목사와 신부, 스님 등이 주로 출연하는데 스피치 훈련이 되어 있지 않은 사람은 내용이 좋아도 듣기가 거북해 채널을 돌려버린다. 말에 대해 충분한 훈련이 안 된 사람은 1억 원짜리 수표로 엿을 바꿔먹는 것과 다를 것이 없다.

말을 할 때는 마음을 담아 말해야 한다. 그것이 바로 정성인데 정성이 부족하면 건성이 된다. 풍요, 건강, 활발함, 웃음 같은 단어를 자연스럽게 소리 내보면 그에 걸맞게 인상이 변하고 수천, 수만 번 같은 어휘를 말로 표현하면 그것이 은혜가 되는 것이다.

독실한 불교신자와 기독교신자 수십 명을 스튜디오에 모아놓고 출연자들이 그들의 종교를 맞히는 프로가 있었는데 100퍼센트 적중했다. 불교신자에게서는 부처님의 기가 흐르고, 기독교신자에게서는 예수의 기가 흐르기 때문에 나도 모르는 사이 두 성인과 닮은 꼴이 되는 것이다.

포도왕捕盜王 표창식에서 일 년에 천 명 이상의 도둑을 잡은 사람에게 물었다.

"그렇게 많은 도둑을 잡는 비결이 뭡니까?"

그러자 그는 아무렇지도 않은 듯 이렇게 말했다.

"도둑 잡는 거 아주 쉬워요. 보면 금방 표가 납니다. 도둑은 꼭 도둑처럼 생겼습니다."

누구나 자기에게 걸맞은 파장이 나와 인상과 행동과 운명까지도 만든다. 좋은 파장의 말을 많이 사용하자.

말에는 무에서 유를 만드는 창조력이 있다.

돈은 함부로 써버린 후 다시 벌면 만회가 되지만 말을 함부로 하면 만회하기가 어렵다. 부정적인 말을 함부로 하는 사람은 자신의 인생을 되는 대로 살면서도 그조차 모르기 때문이다.

'힘들어 죽겠네', ' 차라리 때려 치워야지', ' 미치고 환장하겠네', '적당히 해치워' 등의 말은 자신의 인생을 비참하게 만든다. 한 번뿐인 인생이어서 신나고 값지고 보람 있게 사는 것만으로도 짧은 인생이다. 자신이 어떻게 말하고 어떤 선택을 하면서 살아왔고 살아가는지 생각해보아야 한다. 내가 무슨 말을 하며 사는지 살펴보고 부정적인 말을 자신의 사전에서 지워버려야 한다.

'즐겁다',' 신난다',' 보람 있다',' 재미가 있다'고 말하며 살면 우리의 삶이 정말 신나고 성스럽게 되는 것이다.

기도를 하지 말고
말을 기도처럼 하라

식사를 할 때도 기도를 하고 커피 한 잔을 시켜 놓고도 기도를 하는 사람이 있다. 그런가 하면 먹을 때마다 불평하는 사람도 있다. 음식이 짜다, 싱겁다며 불평을 한다. 짜면 조금만 먹고 싱거우면 소금을 넣으면 되는데 무조건 불평하는 것은 잘못된 말버릇이다.

〈기쁨세상〉에서는 모임을 할 때 1부는 식전행사로 진행한 다음 2부는 저녁식사를 하고 진행하는데 1부가 길어지는 바람에 이미 나온 음식이 식게 되자 누군가가 불평을 했다.

"찬밥이 됐어요."

찬밥도 뱃속에 들어가면 더운밥이 된다는 것을 생각하지 못한 것이다. 더운밥 찬밥 가리는 것은 배가 덜 고프다는 얘기다. 자기를 과소평가하고 불평불만을 하는 것은 스스로를 평가절하해서 생기는 버릇이다. 뭔가 성취하기를 원한다면 자신이 능력이 없다는 생각부터 깨뜨려야 한다. 자신을 못 믿으면 아무리 놀라운 재능도 소용이 없어진다.

사회학자 로버트 머튼은 '신념이 현실로 이루어지는 것, 즉 스스로 자신에게 기대나 암시를 통해 목표를 성취하도록 하는 것'을 자성예언自成豫言이라고 이름 붙였다. 뇌는 상상과 현실을 따로 구분하지 않는다. 원대한 꿈을 꾸고 그 꿈이 현실인 것처럼 생활하면 꿈은 마침내 현실이 되는 것이다.

운전을 배운 초창기 때의 얘기다. 기분 좋게 운전을 하다가 갑자기 면허증을 가지고 나오지 않았다는 것을 알게 되었다. 옷을 갈아입을 때 주머니 속에 있는 지갑을 꺼내지 않았다는 생각이 떠올랐다. 이때부터 여기저기에 경찰들이 보이는데 그 숫자가 점점 늘어나 두려움이 이루 말할 수가 없었다. 근처의 주차장에 차를 세운 뒤 택시로 집에 가서 지갑을 가지고 나와 운전대를 다시 잡았더니 그 많던 경찰이 어디에 갔는지 단 한 명도 보이지 않았다.

말이란 의사소통이나 감정전달의 수단만은 아니다. 내가 한 말은 내 마음에 찍히고 파동을 통해 끊임없이 외부로 발산된다. 불운을 겪는 사람들은 불평과 원망의 파동이 자신과 가족에게 영향을 미친다. 그러면서도 자기가 말한 대로 되어가고 있다는 생각을 하지 못하고 불평을 한다. 이런 말버릇은 자식에게 끊임없이 영향을 주어 부모의 불행이 자식에게 상속되고 만다.

  이런 사람들도 종교를 통해 구원을 바란다. 설교나 법문을 들을 때도 생각은 다른 곳에 가 있어 한 귀로 듣고 한 귀로 흘려버린 후 돌아오는 길에 입방아를 찧다가 결국 신앙의 대상까지 원망하고 뒤돌아선다. 기도는 별다른 게 아니다. 자신이 평상시에 하는 말이 모두 기도다.

  "기도를 하지 말라. 말을 기도처럼 하라."

어떤 말이나 만 번을 반복하면
반드시 이뤄진다

❝

우리는 만萬이란 숫자를 좋아한다. 오래전에 '만약에 백만 원이 생긴다면……'이라는 유행가 가사가 대단히 히트를 쳤다. 이렇듯 백만장자나 만석꾼은 부자의 상징이었다. 만식, 만석, 만원 등의 이름을 보면 부모의 바람을 단박에 읽을 수 있다. 그뿐이 아니다. 승리를 했을 때 만세萬歲를 부른다. 백세나 천세를 부르지 않고 만세라고 부른다. '양친 부모 모셔다가 천년만년 살고 지고'라는 내용의 노래도 있고, 교회에서도 '만복의 근원 하나님' 하고 기도를 하는데 만의 의미는 최고와 최상을 뜻하는 것이다.

화초가 잘 자라는 집이 있는가 하면 자꾸 말라버리는 집도 있는데 키우는 기술도 중요하지만 더 중요한 이유가 있다. 그 집에 사는 사람들이 사용하는 말을 보면 화초의 운명도 알게 된다. 화목한 집안은 항상 사랑과 감사의 말을 사용하다 보니 그 파장이 화초에 까지 영향을 주고, 불화가 많은 집은 부정적인 파장에 의하여 화초의 생명에까지 좋지 않은 영향을 미치는 것이다.

'어떤 말이든지 만 번 이상 되풀이하면 반드시 미래에 그 일은 이루어진다'는 인디언의 금언이 있다. 그만큼 말도 반복하면 틀림없이 이뤄진다는 것을 인디언들도 이미 알고 있었던 것이다. 처마 밑의 주춧돌이 작은 빗방울에 의하여 구멍이 뚫리는 것은 우리가 익히 봐서 잘 아는 일이다.

아프리카의 어느 부족은 나무가 너무 웃자라 불편하거나 쓸모없게 되면 톱으로 자르는 대신 온 부락민들이 모여 그 나무를 향해 크게 소리를 지른다.

"너는 살 가치가 없어", "차라리 죽어버려라" 등의 나무가 들어서 가슴 아파할 만한 말을 계속하면 나무가 시들시들하다가 죽어버린다는 것이다. 말이 강력한 파동 에너지라는 것은 동서양을 막론하고 익히 아는 사실이다. 태어나자마자 '훌륭한 아기'라고 반복해서 불렀더니 아이가 정말 훌륭하게 성장한 사례를 종종 보게 된다. 시카고의 이안 그룹 회장 W. 클러멘트 스톤은 매일 아침 직원들에게 이렇게 외치게 했다.

"난 오늘 기분이 좋다. 난 오늘 건강하다. 난 오늘 너무 멋있다."

클러멘트는 확신이 담긴 이 세 문장의 말로 수십만 명의 판매 사원들을 훈련시켜 대그룹으로 성장시켰다. 결국 세 마디 말의 반복이 위대한 역사를 만든 것이다. 상품 판매회사들은 판매가 안 된다며 울상을 짓는다. 그러나 사실 잘 파는 사람은 경기와 관계없이 큰 실적을 올린다.

되고 안 되고는 문제가 아니다. "잘된다. 잘된다"고 하면 정말로 잘된다.

가난한 부자와
돈 많은 거지

　우리 모두가 굶주려 허덕이면서 살던 시절, 나의 이모님은 매일 아침 거지들을 위해 백여 명의 밥을 지어 제공했다. 한두 명도 아니고 백 명의 밥을 해준다는 것은 생각처럼 쉬운 일이 결코 아니다. 아침이면 거지들이 문밖에 줄을 서서 밥을 줄 때를 기다리던 일이 떠오른다. 그러던 어느 날 이모님이 덜컥 병이 나서 움직이지 못하게 되자 거지들은 '왜 밥을 주지 않느냐'며 온갖 욕설과 함께 집에 돌을 던지면서 "이 집 망해라"고 악담을 했다. 10여 년간 밥을 해준 공덕은 새까맣게 잊고 겨우 한 끼니를 안 준 것만 원망하는 것이다.

　전철이나 지하철을 오르내리는 계단에는 지금도 거지가 쭈그리고 앉아 적선을 바라고 있다. 오르내리는 사람들 중에 십 원짜리나백 원짜리 동전을 던져주고 가는 사람도 있다. 개중엔 천 원짜리 지폐를 놓고 가는 사람도 있지만 대부분 무관심하게 지나친다. 그런데 돈을 받은 쪽에서도 아무런 표정도 없고 인사도 없다. 자기는 불쌍한 사람이므로 당연히 받을 권리가 있다는 생각을 하는 것인지도 모르겠다.

가게에도 거지들이 수시로 들어와 손을 내미는데 백 원짜리 동전을 주면 "누구를 거지로 아느냐?"며 시비를 건다. 주인은 영업에 지장이 있을까봐 화를 참고 천 원을 쥐어주면서 구슬려 보낸다. 하루에 보통 서른 명이 구걸을 오는데 천 원씩이면 하루에 3만 원, 한 달이면 90만 원, 한 사람의 인건비에 해당하는 액수다. 인건비를 아끼려고 가족들이 나오는 가게도 많다.

친구 중의 한 명이 음식점을 하는데 거지들의 등쌀에 장사를 못해 먹겠다며 속상해한다. 돈을 주지 않으면 행패를 부리고 주자니 타격이 심한데 조금 주면 대부분 기분 나쁜 표정이나 욕설을 한다는 것이다. 돈을 받고 고맙다고 하는 거지가 있더냐고 물으니 10년 넘게 장사를 해도 그런 거지를 본 적이 없다는 것이다.

나는 이들을 대상으로 거지 일인당 오천 원씩 주고 어떤 반응이 나타나는가를 살피기로 했다. 돈을 받은 거지들은 고맙다는 말은 커녕 진짜 돈인가 아닌가를 살펴보고 표정 없이 나갔는데 다음 날은 어떻게 소문이 돌았는지 떼로 몰려와 영업을 못할 정도였다. 또

한 어제는 돈을 주었다는데 왜 오늘은 안 주느냐고 행패를 부리는 거지도 있었다.

감사할 줄 아는 사람은 가난해도 풍요하고, 감사하는 마음이 실종되면 돈이 많아도 거지나 다름이 없다.
 우리는 살아가면서 감사해야 할 일이 얼마든지 있지만 감사할 일을 망각하면 원망할 일만 보이게 된다. 황희 정승이 어느 날 천장이 뚫려 비가 새는 바람에 우산을 쓰고 밤을 새우며 한 얘기는 지금도 인구에 회자되고 있다.
 "이렇게 비가 쏟아지는데 우산 없는 집은 어떻게 하나?"

암도 친구가 되면
해를 입히지 않는다

　암환자에게 수술보다 더 중요한 것은 병과 공생하겠다는 의지이다. 암 때문에 죽는 환자보다 항암치료를 견디지 못해 죽는 사람이 대부분이다. 독일의 한 암센터에서는 수술을 한 다음 항암치료를 하지 않고 심리치료사, 기공사, 영양사가 한 팀이 되어 회복을 돕는다는데 세계의 의료인들이 그 방법을 배우려고 줄을 선다.

암에 걸린 의사 이야기

　개업의인 A박사는 밀려오는 환자로 인산인해를 이루어 기쁨의 비명을 올렸지만 그것도 하루이틀이었다. 과로와 스트레스를 감당하기 힘들던 어느 날, 아무래도 이상한 생각이 들어 스승을 찾아갔더니 위암 말기라는 진단을 받았다. 병원을 정리한 다음 수술을 받앉는데 경과가 좋았다.

 그 후 항암치료를 받으라는 연락을 받았지만 마음이 내키지 않아 동기생들에게 "너라면 항암치료를 받겠느냐"고 전화를 했는데 너나없이 받지 않겠다는 대답을 듣게 되었다. 그러곤 지리산으로 들어가 도인처럼 살면서 자연과 대화하며 좋은 약초들을 캐다가 달여 먹었는데 놀라울 정도로 몸이 나아졌다. 그렇게 일 년이 되었을 때 사업을 하던 돈 많은 사촌형이 찾아왔다.

 "나도 수술을 받았는데 네 곁에서 같이 건강을 되찾으려고 왔다."

 "원하시는 대로 하십시오. 다만 서울과 인연을 끊으셔야 살아납니다."

 "걱정하지 말게."

 그런데도 그의 형은 매일 몇 번씩 서울 본사에 전화를 걸어 "무슨 주식을 사고 무슨 주식은 팔아라"며 몸은 지리산에 있지만 마음은 서울에 가 있었다. 결국 그는 6개월 만에 세상을 떠났고 A박사는 온전한 몸이 되어 다시 서울로 올라와 병원 문을 열었다. 그러나 전처럼 매일 환자를 받는 것이 아니라 주 3일만 환자를 돌보고 나머지는 자기를 위해 시간을 할애한다. 수영, 등산, 독서, 서예, 명상을 통해 몸과 마음을 다스리고 좋은 친구들과 즐거운 시간을 보내며 암환자들에게 좋은 정보를 제공해주고 있다.

3개월 시한부가 10년 더 산 이야기

장인어른은 당뇨병 때문에 오랫동안 Y병원에 다녔다. 그런데 어느 날 폐암 말기 선고를 받았다. 병원에서는 수술을 받지 않으면 3개월밖에 못살고 수술을 하면 6개월은 산다는 말을 하였다.

"내 나이 79세년 이제 죽이도 호상 소리를 듣는다. 3개월 더 살려고 굳이 돈 들여 고통을 받으며 수술할 이유가 있겠느냐."

이렇게 수술을 거절한 후 하루 세 갑씩 피우던 담배를 끊었고 음식 조절을 하였다. 살아 있는 동안 전국의 이름 있는 사찰이나 구경하겠다고 손수 운전을 하며 하루하루를 보람 있게 지냈다. 사람들이 '뭐가 좋다. 뭐는 어떻다' 하며 보내온 약과 식품들이 집 안에 가득했지만 하나도 입에 대지 않았다.

장인어른은 자신이 존경하는 송담 큰 스님의 지도를 받아 금강경을 사경하며 전기분해로 만든 약알칼리 물이 체질을 바꾼다는 얘기를 듣고 관악산에서 받아다 먹던 물 대신 한우물 정수기의 물을 마시며 10년이나 더 즐겁고 건강하게 사시다가 88세에 세상을 떠나셨다. 암도 두려워하는 사람만 괴롭히는 것이다.

수술 후 10년 젊어진 여인 이야기

내가 만난 또 다른 사람의 얘기다. 위암으로 위를 전부 잘라내는 마취를 하기 위해 수술대에 있던 환자는 "자신이 없는데……."라고 하는 의사의 말을 들었다. 수술이 끝나고 의식이 돌아왔지만 그 말이 떠올라 밤새 불안에 떨면서 10년만 더 살게 해달라고 간절히 기도했다. 아침에 의사가 회진하면서 환자에게 "당신은 살 수 있어요"라고 말하자 감동과 감격의 눈물을 흘렸다.

그러고는 거의 '고맙습니다', '행복합니다', '사랑합니다' 등의 말만 하게 되었다는 것이다. 그 전에 입에 달고 살았던 원망, 저주, 비난의 말은 없어졌고 수술을 받은 지 15년이 지났지만 그때보다 월등히 젊어졌다. 당시 75세였는데 몸과 피부가 청춘 시절처럼 탄력 있게 변했다. 말의 파동이 건강만이 아니라 젊음, 사랑, 행복까지 선사한 것이다.

40대 후반의 뇌종양 환자

어떤 여성은 자기밖에 모르는 이기주의자여서 집안이나 친척과도 담을 쌓고 80평 아파트에서 남들과 왕래없이 살았다. 어느 날 머리가 터질 것 같은 통증 때문에 병원에 갔더니 뇌종양이라는데 종양이 너무 커서 수술 불가 판정을 받게 되었다. 지금까지 죽을 것이라는 생각은 꿈에도 하지를 못하고 살아온 것이다.

그녀는 아픔과 외로움을 비롯해 두려움에 몸부림치며 여러 날을 보내다가 친정과 시댁을 내왕하게 되었다. 이렇듯 자신을 반성하고 서로 왕래하면서 불쌍한 이웃에게 온정을 베풀기 시작하였다.

진통제가 아니면 견딜 수 없을 정도로 힘들었는데 고통도 차츰 줄어들기 시작하자 나를 찾아왔다.

"나는 죽기 전에 어떻게 살아야 합니까?"

"자신은 모르겠지만 너나없이 '~덕분에' 살고 있지요. 주위에 당신보다 더 고통을 받고 힘든 사람도 얼마든지 있습니다. 내 잘못을 속죄한다고 해서 해결될 문제가 아니지요. 그들을 위하는 일에 시간을 할애해보세요."

그때부터 그녀는 남보다 몇 배 봉사활동에 힘을 쏟아부었지만 힘들거나 피곤하다는 생각이 들지 않았다. 오늘을 마지막 남은 하루처럼 살다 보니 하루하루 기쁨이 넘치게 되었다. 얼마 후 다시 정밀검사를 받았는데 완벽하게 자연 치유가 되었다고 한다.

따뜻한 사랑 앞에 암세포도 녹아 없어진 사례였다. 그녀는 힘들 때 먹으라고 병원에서 준 진통제를 먹지 않고 가지고 있다가 나에게 가져다주었다. 봉투에는 마약이라고 빨간 글씨가 적혀 있었다. 약을 먹으면 아프지 않게 죽을 수 있다고 의사가 얘기했다며 기념으로 놓고 간 것이다.

사람의 몸에는 하루에 3천 개의 암세포가 생겨나지만 면역력이 약한 사람에게만 발병된다. 암세포가 무서운 것이 아니라 다만 미친 암세포가 몸을 망치는 것이 문제이다. 기쁨, 사랑, 봉사에 힘을 쏟는 사람에게는 암도 감기와 몸살 정도밖에 되지 않는 것이다.

웃음을 선사합니다

중국의 유명한 암전문의에게 들은 얘기이다.

"환자를 검진하고 '당신은 암입니다'라고 말하면 그 순간 모든 면역세포가 죽어버립니다. 말이 그렇게 무서운 힘을 가지고 있지요."

웃음 연구소를 운영하고 있는 이요셉 씨는 정기적으로 암환자와 가족을 데리고 웃음 세미나를 연다. 대부분 병원에서 포기한 환자들이 대상이다. 표정 없이 한숨만 쉬던 이들에게 웃음을 되찾게 하는 것인데 놀랍게도 그들은 건강한 사람처럼 말하고 행동한다. 이렇게 해서 회복한 사람도 상당수에 달한다. 암만 고쳐진 것이 아니다. 삶의 방향이 변화해 기쁨과 감사의 나날을 보내게 된 것이다.

내가 잘못했다

길을 가다 보면 자신이 찾는 목적지가 어딘지 모를 경우가 종종 생기게 된다. 그래서 사람들에게 길을 물어보면 대답은 제각각이다. 이쪽을 가리키는 사람도 있고, 저쪽이라고 하는 사람도 있지만 '모른다'는 사람은 거의 찾아보기 힘들다. '모른다'라는 말을 창피하게 느끼는 것이다.

학교에서 선생님이 가르치고 나서 학생들에게 "다 알았어요?" 하고 물으면 교실이 떠나갈 정도로 "네" 하고 대답을 하는데 시험을 보면 그게 아니다. 세 살 적 버릇 여든까지 간다고 아는 척하는 습성은 좀처럼 고쳐지기 힘든 것이다. 인간은 신이 아니기 때문에 누구나 실수가 있게 마련이지만 "내가 잘못했다"는 말은 죽어도 하지를 못한다. 이쪽에서는 뻔히 아는데도 끝까지 잘했다고 일관하는 것이다. 어려서 문지방에 걸려 넘어져 울면 어른들은 아이에게 주의를 주는 것이 아니라 문지방을 때리며 "이게 잘못했다"고 하다 보니 '잘못은 네 탓, 잘한 것은 내 탓'이라는 관념이 자리를 잡게 된 것이다.

부부싸움을 한 후 이혼하는 사람들도 끝까지 자기는 잘했고 잘못은 상대에게 있다고 생각한다. 법원의 판사는 옳고 그르고를 판단해주는 일을 하는데 외국의 판사보다 열 배는 더 힘들다고 한다. 원고나 피고가 서로 자기만 잘했고 잘못은 상대방에게 있다고 하기 때문이라는 것이다.

허물이 없다고 유능한 사람이 아니다. 보다 나은 삶을 추구하다 보면 도전도 있고 시행착오도 있겠지만 당당히 인정하는 것이 참된 용기다. 나도 살아오면서 시행착오도 있었고 실수도 연발하는데 지금도 다를 것이 없다.

나는 강연할 때 가족과의 대화를 강조하지만 집에 돌아오면 아내와 얘기할 틈도 없다. 이러면 안 되는데 하면서도 시간에 쫓기다 보면 생각 따로, 몸 따로다. 하루는 급한 원고 마감 때문에 세수도 하지 못하고 글을 쓰는데 아내가 무얼 자꾸 묻는다. 나도 모르게 짜증이 나서 시끄럽다고 버럭 소리를 질렀다. '아차, 나의 실수'! 아내의 표정이 좋을 리가 없었는데 말을 하면 길어질 것 같아 사과문을 써서 전달했다.

그런데 다음 날 아침 엘리베이터에서 마주친 아파트 사람들이 나를 보는 시선이 다르게 느껴졌다. 여자들은 존경스러운 눈으로 나에게 말을 걸고 남자들은 고개를 돌려 외면했다. 알고 보니 어제가 반상회 날이었는데 아내가 내가 쓴 반성문을 가지고 자랑을 했던 모양이다. 여자들이 볼 때는 훌륭한 남편이지만 남자들이 볼 때는 치사한 인간이 되었던 것이다. 그러나 잘못을 잘못이라고 한 것은 잘한 일이다.

나는 하루도 거르지 않고 글을 쓴다. 대부분의 작가들은 자기가 쓴 글은 토씨 하나도 고치면 안 된다고 말을 한다지만 나는 마음대로 고치라고 말한다. 나라고 실수가 없을 리가 없고 나의 입맛이 전부의 입맛을 대변하는 것은 아니라는 것을 알기 때문이다.

덕담은 돈보다
더 귀하다

　설날은 양력 1월 1일 신정에 빗대어 구정이라 부르기도 하지만 구정이 아니라 '설'이 바른 표현이다. 설날 전날인 섣달 그믐날엔 집집마다 음식 준비로 분주하고 멀리 있는 일가친척이 모여든다. 설빔을 얻는 등 아이들은 더더욱 신명나는데 그믐밤에 일찍 자면 눈썹이 희어진다 하여 이야기꽃을 피우고 밤을 지새우기도 한다.

　설날 아침 정갈한 몸과 마음가짐으로 조상에게 차례를 지내고 웃어른께 세배를 드린다. 세배에는 감사의 마음과 건강의 기원을 담으며, 어른들은 답례로 세뱃돈을 주며 덕담을 해준다.
　덕담은 악담의 반대되는 말이다. 숱한 전쟁과 환란으로 사람들의 마음이 악해질 때로 악해지자 서로에게 하는 말도 악담으로 변질되었다. 악한 말을 주고받으면 더욱 살벌해지고 좋지 않은 일들이 벌어지기 때문에 좋은 파장의 언어를 몸에 배게 하려고 덕담이 생겨났다는 설이 유력하다.

새해 첫날 덕담 덕분에 넘치는 기쁨을 만끽하고 또 기쁨이 넘치면 일이 잘 풀리게 마련이어서 덕남을 준 사람에게도 행운이 되돌아와 덕담은 나눌수록 좋은 것이다. 말은 씨앗이고 새해 첫날 좋은 씨앗을 뿌리는 우리의 풍습은 세계 어디서도 찾아보기 힘들다.

옛날 가난한 집에 아이가 있었는데, 아이는 배가 고파 온종일 우는 게 일이었고 부모는 울음을 멎게 하려고 회초리로 매를 때리는 것이 일이었다. 마침 집 앞을 지나던 노스님이 그 광경을 물끄러미 보다가 집으로 들어와 매 맞는 아이에게 넙죽 큰절을 올리자 부모는 놀라 스님에게 연유를 물었다.

"스님. 어찌하여 하찮은 아이에게 큰절을 하는 것입니까?"

"이 아이는 나중에 정승이 되실 분이니 곱고 귀하게 키우셔야 합니다."

그 후 이 집안에서는 아이의 울음소리가 그쳤고 부모는 지극정성으로 아이를 키웠는데 후에 자식이 영의정이 되자 부모는 그 스님을 수소문해 찾아가서 큰절을 올리고 고마움을 표시했다.

"스님은 정말 용하십니다. 스님 외에는 어느 누구도 우리 아이가 정승이 되리라 말하는 사람이 없었습니다."

빙그레 미소를 띠던 노승은 차를 한 잔씩 권하며 말문을 열었다.

"이 돌중이 어찌 미래를 볼 수 있겠습니까. 그러나 세상의 이치는 하나 있지요. 모든 사물을 귀하게 보면 한없이 귀하지만, 하찮게 보면 아무짝에도 쓸모가 없는 법이랍니다. 아이도 정승같이 귀하게 키우면 정승이 되지만 머슴처럼 키우면 머슴이 될 수밖에 없는 것이지요."

내가 지도하는 사람에게 거울을 하나씩 나눠주고 거울에 비친 사람에게 아침저녁으로 덕담을 하게 했는데 놀라운 변화가 나타났다.

"당신은 존귀한 사람입니다."

"당신을 만나 영광입니다."

"점점 얼굴이 좋아지시는군요."

"당신은 재벌입니다."

한 줄의 칭찬과 격려의 글을 쓰는 사람인가

헐뜯고 상처를 주는 악플만을 주로 쓰는 사람인가에 따라

세상 살아가는 능력에 커다란 차이가 있다.

지혜가 있는 사람은

부족한 사람이 가지고 있는 장점에 감동하지만

어리석은 사람은 나보다

훌륭한 사람이 가지고 있는 약점을 찾아내

올림픽 금메달을 딴 것처럼 흥분하게 된다.

4장

성공하는 사람의 언어습관

Your words
become
Your destiny

마음의 상처 치료하기

싸울 때 보면 '너 죽고 나 죽자'고 고함을 지른다. 그러나 이처럼 어리석은 말도 없다. 너는 죽어도 나는 살아야 이익인데 자신과 상대에게 해를 끼치는 말은 험담이다. 험담은 험난한 세상을 살게 하며 불운과 불행의 동반자다. 그러나 덕담은 덕이 있는 사람이 사용하는 언어요 신이 주는 축복의 메시지다. 이 귀한 능력을 사랑을 전하고 관계를 돈독하게 하고 불의를 바로잡는데 사용했는지, 상대에게 상처를 입히고 멀어지도록 했는지 점검해야 한다.

대화가 험담으로 흘러가면 얼른 다른 이야기를 꺼내면 된다. 그제서야 상대방도 깨닫고 주의하게 된다. 험담을 들었어도 한 귀로 듣고 한 귀로 흘려버리는 것이 험담의 해독害毒에서 벗어나는 방법이다. 요즘 간 해독, 장 해독 등을 위해 전문 병원에 비싼 비용을 치르며 찾아간다. 해독이 안 되면 10만 원짜리를 먹어도 만 원의 효과밖에 못보고 배설하는데 정신적 해독이 배설되지 못하면 병이 된다.

링컨 대통령은 자기의 명령에 불복종하는 장관들 때문에 좌절과 분노를 느끼면 그 사람들 앞으로 온갖 욕설과 비난을 퍼붓는 편지를 써서는 편지를 부치기 직전에 찢어 쓰레기통에 버렸다고 한다. 자신을 괴롭히는 부정적인 감정을 털어내는 좋은 방법이다.

누구나 살다 보면 알게 모르게 마음의 상처를 갖게 된다. 그리고 이 상처는 치유되지 않은 상태로 평생 자신을 그림자처럼 따라 다니며 괴롭히는 것이다. 부부싸움을 할 때 아내들은 이런 말을 한다.

"당신, 그때도 나에게 이렇게 했지?"

"그때가 언제인데?"

"50년 전 결혼 초에……."

남자들은 기억도 하지 못하는데 아내는 잊지 않고 소상하게 기억한다. 치유되지 않은 마음의 상처는 평생 간다는 얘기다. 그것이 병도 만들고 불행도 만든다.

험담을 하고 싶은 욕망을 이겨내는 것이 바로 훌륭한 인격이다. 그럴 때는 자기를 칭찬하고 부정적인 말이 나오려고 하면 자신을 다잡아야 한다. 좋은 습관만이 좋은 운명을 만드는 것이다.

말에서는 강력한
에너지가 분출된다

말은 자력의 에너지다. '힘들다, 힘들다' 하면 힘든 일이 생기지만 '할 만하다'고 하면 일이 쉽게 풀린다. 밝은 마음을 가지고 살면 어둠은 발붙이지 못하는 것이다. 지배적인 마음은 같은 생각을 강력하게 끌어들이므로 기분 좋은 일을 원한다면 기분 좋은 말만 사용해야 한다.

"좋아졌네 좋아졌어 몰라보게 좋아졌어."
〈좋아졌네 좋아졌네〉 노래가 울려 퍼질 때 좋아진 것은 하나도 없었다. 그러나 동네마다 스피커를 달아 놓고 "새벽종이 울렸네. 새아침이 밝았네……" 하면서 우리의 역사가 변하기 시작했다. 최고가 되고 싶다면 말의 에너지를 이해해야 한다. 그리고 힘들고 어려울 때일수록 힘을 낼 수 있는 에너지 언어를 사용해야 한다.
"사랑합니다", "감사합니다", "으라차차", "부라보", "파이팅!"

말에는 온도가 있어 따뜻한 말로 가슴을 데워주면 기운이 솟아나지만 썰렁한 말도 있다. 남이 뭐라고 하면 "썰렁해, 썰렁해" 하며 초를 치는 사람도 있다. 이런 말을 할 때는 그 사람의 체온이 갑자기 0.5도에서 1도가 내려간다. 체온이 내려간다는 것은 신체기능이 떨어진다는 얘기다. 이런 말을 자주 하는 사람은 대인관계가 나쁘고 하는 일에도 어려움이 많다. 이런 사람이 사는 집에 가보면 집안이 냉랭한 느낌이 든다. 냉랭한 집은 바로 흉가가 되는 것이다.

판소리에 흥이 난 관객들은 적재적소에서 "얼쑤" 소리를 낸다. 판소리를 하는 사람은 이 소리에 더욱 흥겨워지는데 "얼쑤" 하는 것을 추임새라고 한다.
대화에 있어서도 자주 맞장구를 쳐주면 대화는 활기차게 되고 적군을 내편으로 만들 수 있는 기적 같은 일들이 벌어진다.

함부로 심판하는
바보가 되지 말라

 우리는 심판자격증이 있는 것도 아닌데 너나없이 심판 노릇을 한다. 자기 잣대로 세상을 재며 옳고 그르고를 심판한다. 하나님을 심판하고 부처님을 심판하는 사람도 있다. 심판하려면 적어도 그분들보다는 몇 수가 높아야 가능한 일인데 그렇지 못하다면 하룻강아지가 범 무서운 줄 모르고 덤벼드는 것과 같다. 월드컵 축구 경기에서 난다 긴다 하는 심판들이 실수를 범하기도 하는 것을 보면 심판처럼 어려운 것도 없다는 생각이 든다.

 누가 욕을 하거나 저주를 하면 그를 향해 축복을 해주는 것이 현명한 일이다. 같이 화를 내거나 욕을 하면 업보도 공유하게 되지만 축복을 해주면 그 축복은 자신의 몫으로 남게 되기 때문이다.

낮고자 하는 자는
높아진다

　삶이란 만남의 연속이다. 시간과 만나고 공간과 만나며 사람과 만난다. 축복의 시작은 만남에서 비롯된다. 김찬호 회장과의 첫 만남은 1990년대 초 용인 연수원에서 강의할 때였는데, 이후 30년이 다 된 지금껏 그 만남이 이어지고 있어 나는 누구보다 그의 내면세계를 들여다 볼 기회가 많았다.

　그는 어른에게 깍듯하게 대하고 한번 한 약속은 어떤 일이 있어도 지킨다. 배움에는 철저하며 옳고 그름에 분명하고 일에 대한 욕심은 누구보다 많아 지금껏 쉬는 것을 보지 못했다. 사람은 자기와 같은 사람을 좋아한다. 이것을 보면 김 회장은 나를 판박이 한 것처럼 느껴지기도 해 지금까지 남다른 교분을 이어가고 있다.

　내가 생명처럼 생각하는 모임인 〈기쁨세상〉도 세계일보 연재 칼럼 〈이상헌의 세상 사는 이야기〉 1,000회 기념으로 만들어졌는데 김찬호 회장은 그 모든 산파역을 도맡아서 해주었고 매달 한 번씩 여는 기쁨축제에도 꾸준히 출석하는 열정을 보이고 있다.

김 회장이 세계일보에 근무하며 한강로 교회장을 맡아 겸직 목회를 할 때다. 세계일보 사장이었고 나와 동명이었던 이상헌 사장님이 영계에서 보내온 메시지를 내가 성시로 만들어 매주 김정연 씨의 목소리로 낭송하여 많은 사람에게 감동을 주었던 기억이 아직껏 새롭다. 포도주와 친구는 오래될수록 좋다는데 김찬호 회장은 나의 곁에 있는 오랜 포도주 같은 사람이라는 생각이 든다.

김 회장의 자서전 『진리의 빛을 찾아서』를 읽으면 나 자신도 진리란 과연 무엇인가를 생각하게 되고 마치 추억의 앨범을 열어보는 기분이 든다. 김찬호 회장은 무에서 유를 창조하는 개척의 달인 같다. 세계일보 임원으로 근무하면서도 교회를 개척하여 초대 교회장으로 겸직목회를 시작했으며 유일하게 쉴 수 있는 토요일에는 매주 사회 지도층 인사들을 초청하여 '지도층 인사 초청 통일원리 세미나'를 계속했다. 내 기억으로는 5년 동안 365일 쉬는 날 없이 계속했던 것으로 생각된다. 각계각층 지도자들 및 헌정회 전현직 국회의원 70여 명까지 세미나에 참석했으며 그분들을 조직적으로 관리하기 위해 2001년 8월에 청설회淸雪會를 창립했고 2002년 10월에는 청설산악회淸雪山岳會를, 2003년 10월에는 포도나무회를 창립하여 기금조성과 함께 1,000여 명의 회원들을 조직적으로 관리했다.

그는 2006년 2월 말로 정년퇴직을 한 후 가장 낮은 자리에서 개척을 시작했다. 서달산 밑 사당동 6평 지하에 훈독가정교회를 연 것이다. 2007년 4월에는 1년 만에 허름하지만 넉넉한 30평 건물을 임차하여 교회성전 겸 평생교육원을 개강하여 목회 겸 사회교육을 시작했다. 개척교회로 시작했지만 평생교육원을 함께 운영하니 동반성장의 효과가 생겼고, 교회가 성장하니 사당교회장으로 발령을 받아 개척자에서 공식 목회자가 됐다. 그 후 강남교회, 서초교회장으로 목회지를 이동했지만 평생교육원은 계속 운영하여 교육법인으로 공식 등록이 되었고 국가가 공인하는 사회교육시설로 발전하기에 이르렀다. 지난 2019년 3월 27일에는 12주년 수료식을 하여 연인원 1,200명을 배출하였고 교수진도 300여 명을 확보하는 성과를 거두었다.

2014년 8월 15일에는 사단법인 평화교육문화센터 산하에 평화통일포럼을 창립, 매월 1회씩 운영하여 지금까지 41회를 개최함으로써 법인 산하의 평생교육원과 함께 쌍두마차 형식으로 시너지 효과를 내며 성장하고 있다.

그는 2018년 3월 말로 목회 35년을 마감하고 재단 사목에서 정년퇴임을 했다. 그리고 4월 1일부터 서달산 정상에서 40일 담판 기도를 시작했고 또다시 가장 낮은 자리로 내려가 개척교회를 시작하기로 결심했다. 그는 협회 승인을 받아 5월 15일 지하 30평 초막 같은 공간을 임대하여 포도나무가정교회를 설립, 입당예배를 드렸다. 교회 건물 임차보증금은 재건축된 김 회장 자신의 아파트를 전세 놓아 그 보증금으로 충당했다.

나는 70세가 넘은 노병 김 회장이 다시 개척을 시작하는 모습을 보고 대견하기도 하고 안쓰럽기도 하여 몇 명 되지 않는 외로운 교회에 머리 숫자라도 채워주는 것이 도움이 될까 해서 개척교회에 함께 참여하고 있다. 나는 김찬호 회장이 성공하리라고 믿는다.

김 회장은 45년 전 청년 시절부터 목회를 시작하여 초임발령을 받은 교회에서 불치병인 나병을 앓고 있는 환자를 기도로 치유했던 경험을 갖고 있다. 한강로교회장 시절에는 복통에 시달리던 부인의 식구가 꿈속에서 교회장이 안수를 해줘 말끔히 낫는 영적 체험도 했다고 들었다. 종합 일간지 임원이라는 높은 자리까지 갔지만 자리에 연연치 않고 가장 낮은 자리로 내려가 개척을 하면서도 이윤 창출이 아닌 사회교육이라는 봉사를 하고, 투입만을 해야 운영되는 또 하나의 짐을 지면서도 하늘 뜻을 따라 지치지 않고 정진하는 김 회장을 하늘이 버리지 않고 함께하시리라는 확신을 갖게 된다.

과거를 생각지 않고 가장 낮은 자리에서 겸손한 자세로 현재의 고난을 감사함으로 극복해 가는 김 회장을 보면 성현의 말씀이 생각난다.

"높고자 하는 자는 낮아지고 낮고자 하는 자는 높아진다."

우리나라에서 노벨상을
탈 사람이 등장했다

❝

밥이 육신의 양식이라면 책은 영혼의 양식이다. 성공적인 인생을 만드는 확실한 방법은 좋은 책을 많이 읽는 데 있다. 책을 읽다 보면 무한한 영감과 깨달음으로 생각과 행동이 달라지게 된다. 그런데도 주량을 자랑하는 사람은 많아도 독서량을 자랑하는 사람은 많지 않다. 책을 많이 읽는 것은 자신과 국가 발전을 위한 값진 투자다.

어른들은 어린아이에게 용돈을 주며 "과자나 사먹어라" 하고 말한다. 그래서 그런지 과자 회사는 재벌이 되어도 책을 펴내는 회사가 재벌이 되었다는 얘기는 들어보기 힘들다.

수준 높은 국민이 수준 높은 나라를 만드는데 우리나라의 지적

수준을 따져보면 미국의 20분의 1도 안 된다. 우리는 겨우 노벨상을 하나 받았지만, 미국 시카고대학은 70명이 넘는 교수가 노벨상을 받았다. 시카고대학은 아이비 리그에 비해 역사가 짧고 위치도 좋지 않지만 로버트 호치슨 총장이 이룬 공적의 결과이다.

"시카고대학은 교양 교육의 일환으로 교수에게 각 분야의 고전 100권을 읽게 합니다. 책은 시간과 공간을 넘어 진리를 알게 하며 위대한 꿈을 실현시켜주는 유일한 방법입니다."

놀라운 소식을 접한 적이 있었다. 어른도 평생 성경을 한 번 읽는 것이 매우 힘든 일인데 서울 개운초등학교 이창조 군은 4년 동안에 성경을 자그마치 스물한 번이나 읽었다는 것이다. 글을 깨우치면서부터 밥을 먹듯이 읽다 보니 습관이 된 것이다. 이 군은 성경뿐만 아니라 일반 서적도 다독하는데 『삼국지』, 『삼국유사』, 『삼국사기』 등 역사서와 각종 교양서적, 동화책 등을 열 번 읽는 것은 기본이다.

고기는 씹을수록 좋은 맛이 우러나듯이 같은 책도 반복해서 읽으면 읽을수록 느낌이 다르다. 이 군은 한 해 읽은 책이 천 권이 넘어 학교에서는 최우수 독서상을 받았는데 2등과 팔백 권 차이가 났다. 이 군이 한글을 깨우쳤을 때 어머니가 릴레이 성경 읽기를 제안했다.

포스트잇으로 서로 읽은 분량을 표시하는데 언제부턴가 이 군이 앞서기 시작했다. 이렇게 세 번을 읽고서는 스스로 성경을 펼쳐 들었고 학업에도 큰 도움이 되었다고 한다. 어렵고 지루할 수 있는 성경을 반복해서 읽은 덕분으로 교과서 읽기는 누워서 떡 먹기가 된 것이다.

이 군이 장래 우리나라에 노벨상을 안겨줄 것을 기대한다.

기쁨에 온 몸을 맡겨라

　부정적인 말을 하는 사람은 신경체계가 변형되어 불행을 스스로 끌어당기는 데 반해 밝고 적극적인 태도를 가진 사람은 불행은 끝나고 행복이 시작된다.

　몸이 무겁거나 감정이 다운될 때 일부러 신나는 노래와 율동을 하면 바로 유쾌한 변화가 시작된다. '즐겁다'는 신호가 뇌에 전달되어 건강한 생리 반응이 일어나는 것이다. 이것이 우리 몸의 특징이다.

　인생은 연극이어서 성공의 명연기를 해야 한다. 기쁜 소식을 방금 전해들은 사람이 되어 탄성을 내지르는 것도 필요하다. 좋은 소식을 머리로 받아들이는 것만으로는 부족하다. 명연기자는 실제보다 더 실제처럼 보여주어 본인은 물론이고 보는 이에게도 감동과 감격을 안겨준다.

매일 아침 30분씩 행복에 겨운 사람처럼 기쁨으로 온몸을 채우면 하루가 행복해지고 활력이 넘친다. 만약 병에 걸렸다 해도 그 원인을 외부에서 찾으려 애쓸 필요가 없다. 자신의 삶의 태도에 잘못된 부분이 있음을 인식하고 마음을 밝고 유쾌하게 먹고 활달하게 행동하면 놀라운 변화를 느끼게 된다.

D건설에서의 강의 때문에 경기도 청평 연수원에 도착했는데 시간이 다 되도록 산악훈련을 간 직원들이 도착하지 않았다. 이때 나이가 비교적 많은 분이 선착으로 도착하고 난 다음 다른 사람들은 30분이나 더 지나서야 도착했다. 그런데 제일 먼저 도착한 분은 이 회사의 사장이었다. 그는 초등학교 때부터 지금까지 매일 아침 음악과 구령에 맞춰 맨손체조를 한다는데 감기조차 한 번도 걸리지 않았다는 것이다. 환갑이 지났지만 산악 마라톤 선수이며 에베레스트 등반도 하고 마라톤 풀코스를 30여회 뛰었다고 한다. 그는 언제나 활기찬 음악을 MP3에 담아서 듣고 다닌다고 한다.
"기쁨에 몸을 맡기니 훨훨 날게 되지요."

그는 누구에게나 너그러운 미소로 친절하게 대한다. 기쁨이 가득하다 보니 아량도 넓어지고 이해심도 깊어진 것이다. 기쁨 바이러스는 쉽게 전염된다. 리더가 기뻐하면 주위의 사람이 모두 기뻐하게 되고 그 가족들도 넘치는 기쁨 속에 하루하루가 천국이 되는 것이다.

시간을 열 배로
활용하는 법

누구에게나 하루는 24시간이요 1,440분이다. 신은 인간에게 공평하게 시간을 나눠줬지만 씀씀이에 따라 흑자 인생도 되고 자칫하면 적자 인생으로 전락하고 만다. 우리의 가장 중요한 자본은 시간자본이다. 그러므로 직장생활을 프로처럼 하느냐, 포로처럼 하느냐로 평생이 결정된다.

인생 70년이라고 말하던 시절에 70년의 씀씀이를 나눠보았더니 잠자는 시간 27년 반, 일하는 시간 13년, 화내고 속상한 시간 6년 3개월인데 웃는 시간은 고작 46일이 되었다. 속상한 마음은 보물처럼 끌어안고 살면서도 웃음은 짧게 끝내는 것은 잘못된 습성이다.

나는 의사가 포기한 상태에서 14년이란 세월을 불안과 공포로 보냈다. 죽음에 대한 공포를 잊기 위해서 눈을 뜨면 책에 매달렸는데 그동안 읽은 책이 거의 만여 권에 육박한다. 그런데 그중 어느 한 구절이 나를 구제했다.

<blockquote>
신이 인간을 만들 때 자기와 똑같은 형상으로 만들었는데 형상은 모습만이 아니라 능력도 마찬가지여서 원하는 대로 모든 것을 이루게 된다. 성공, 실패, 행복, 불행, 삶과 죽음도 예외가 아니다.
</blockquote>

나는 이 글을 머리맡에 붙여 놓고 날마다 구호처럼 외쳤다.
"나는 건강하다."
"나는 행복하다."
"나는 승리자다."
14년의 시간 손실을 메우기 위해 하루 4시간 자고 쉬는 날 없이 모든 시간을 일에 투입했지만 그래도 14년의 벽은 쉽게 함락되지 않았다. 그래서 새로 개발한 프로그램이 동시처리기술同時處理技術이다.
'임도 보고 뽕도 따고' '마당 쓸고 동전도 줍고' '도랑 치고 가재도 잡고' 등은 일거양득의 동시처리지만 이런 방식보다는 시간을 최대로 증폭시켜 활용하는 '시간 창조 전략'으로 바꿨다.

나는 필요한 자료를 녹음한 다음 차로 이동하면서 지혜와 지식을 나의 것으로 만든다. 이때 스트레칭도 하고 명상도 하면서 시간을 최대한 활용한다.

1. 강연할 때 활용 2. 방송 출연하여 활용 3. 방송 집필에 활용
4. 잡지 연재에 활용 5. 사보 칼럼에 활용 6. 신문 칼럼에 활용
7. 시로 변형시켜 시집 출간 8. 같은 부류끼리 모아 저서로 출간
9. 세계 1천여 종교기관에 매주 발송 10. 즐겁게 시간 활용
이렇게 하면 기쁨으로 뇌가 점점 활성화된다.

나는 일거양득을 일거십득으로 증폭시켜 활용하다 보니 150권이 넘는 저서를 출간하여 기네스북에 오르게 되었고, 14년 늦은 출발도 약점이 아니라 장점으로 변화되었다. 나의 주머니에는 볼펜과 메모 노트가 들어 있어 그때그때 떠오른 반짝이는 아이디어를 기록한다. 모두가 돈이다.

나는 일을 하는 것이 아니라 일을 즐기면서 시간을 절약하여 최대치로 활용하다 보니 다른 사람들의 10분의 1의 돈으로도 풍족하게 쓰고 남는다. 부정적인 사람들은 구두쇠라고 말하지만 주위에서는 나를 절약 전문가라고 부른다. 불필요한 지출은 천 원도 많고 써야 할 곳에는 천만 원도 적은 것이다.

언젠가 만났던 고 정주영 회장이 자기가 신고 있는 구두가 20년

되었다고 자랑하길래 나도 20년 신겠다고 결심했다. 보통 구두는 낡으면 새로 사서 신는데 나는 구두 수선집을 이용하며 18년 반을 신었다. 며느리가 구두를 하나 사주겠다고 해서 알았다고 했는데 아침에 일어나 보니 현관에 새 구두가 놓여 있고 신던 구두는 보이지 않아 물어보니 "너무 낡아서 버렸어요"라고 말했다. 그 바람에 20년 기록을 세우려던 생각이 물거품이 되었다.

양말을 신다 보면 언제나 한쪽이 먼저 뚫어지는데 너나없이 성한 쪽도 함께 버린다. 양말은 발을 보호하기 위해 신는 것이다. 짝이 안 맞는다고 버리는 것은 심한 착각이다. 나는 뚫어진 양말은 버리고 성한 것만을 모아 통에 넣어두는데 손에 잡히는 대로 신으니 짝을 맞추려고 쓸데없는 시간을 낭비하지 않는다. 옷도 상하의를 다르게 입는 것을 콤비라고 하는데 양말은 좌우가 다르면 안 된다는 법도 없다. 콤비 양복이 있다면 콤비 양말도 있을 수 있다.

나는 수십 년째 머리를 내 손으로 직접 깎는다. 이발관에 다녀오려면 최하 두 시간은 소요되지만 직접 깎는 데는 이 분이면 충분하다. 돈도 돈이지만 시간 절약에 큰 뜻이 있다. 중도 제 머리를 못 깎는다지만 나는 중보다 한 수 위라는 자부심을 갖는다. 모든 것이 숙달되면 이미 어느 경지에 올라간다. 가끔 실수로 이상하게 되는 경우도 있지만 그래도 나의 개성이다.

한강 물도 퍼서 쓰면 줄어든다는데 시간이나 돈도 예외는 아니다. 없으면 소외되는 것이 시간과 돈이다. 나는 가끔 파고다공원에 간다. 가까운 사람끼리 잔을 주고받으며 대화를 나누는데 친구가 없는 사람은 곁눈질하며 침을 삼킨다. 이런 사람들도 한때 끗발이 없었을 리가 없다. 그러나 남부러워할 필요 없다. 있으면 있는 대로 살 방법이 있고 없으면 없는 대로 즐기는 방법도 있다. 양주 마시던 사람은 맥주로 한 등급 낮추고 맥주 마시던 사람은 소주나 막걸리를 마시면 된다. 막걸리를 사먹을 돈이 없어도 걱정할 필요가 없다. 냉수 먹고 정신을 차리면 된다. 돈이 없으면 집에 가서 빈대떡이라도 부쳐 먹으라는 노래도 있다.

또 하나는 '……셈 치고' 사는 법이다. 먹고 싶을 때는 먹은 셈 치고, 입고 싶을 때는 입은 셈 치며 사는 것이다. 주위에 돈 많은 친구들을 보면 대부분 셈 치고 살며 저축을 생활화한 사람들이다.

나는 요즘 지하철을 공짜로 타는데 이럴 줄 알았으면 '진작 나이를 먹을걸' 하는 농담도 주고받는다. 가끔 아내와 외식을 할 때는 1인분을 시키면 종업원이 의아해한다.

"왜 두 분이 오셔서 1인분을 시키세요?"

"일심동체라는 말도 못들어 봤나요?"

사실 음식을 적게 먹다 보니 1인분을 둘이 먹고도 남는데 체면상 2인분을 시켜 남기는 사람을 보면 안타깝다는 생각도 하게 된다.

박지성은 평발이어서 축구선수로는 힘든 신체 조건이지만 쉬지 않고 훈련하다 보니 세계 정상에 우뚝 섰다. 자기 일을 즐기며 최선을 다하면 자기 몸값은 저절로 높아지게 마련이다.

"때로 힘들어 하루쯤 쉬고 싶지요. 그래도 열심히 뛰는 것은 오늘 하루 쉬면 내일은 배로 뛰어야 하기 때문입니다."

축구경기를 보며 환호할 것이 아니라 박지성을 삶의 모델로 삼고 자신을 업데이트해야 한다.

힘들면 견딜 만하다고
말하라

우리 속담에 '남의 염병은 내 고뿔만도 못하다'는 말이 있다. 염병은 '장티푸스'의 옛말이고, 고뿔은 '감기'를 뜻한다. 광복 후 병이 돌면 많은 동네 사람이 죽어 나갔다. 어느 정도 이 병을 앓고 나면 머리가 다 빠져 항암주사를 맞은 사람처럼 되었다. 또한 급성전염병으로 지정되어 환자가 있는 집의 대문 밖에 금줄을 맨 후 남의 방문이나 외출도 못하게 했다.

나도 초등학교 때 염병을 앓고 죽음 직전까지 갔다가 몇 달 동안 걷기는커녕 일어나지도 못하고, 죽는 것이 이만큼 무섭구나 하는 것을 간접체험하게 되었다. 사람들은 일을 할 때 힘들어 죽겠다는 말을 너무 쉽게 한다. 그러나 아무리 힘들어도 죽을 만큼 힘든 것은 아니다. 남이 하는 일은 쉬워 보이고 내가 하는 일만 힘들게 생각하는 것이다.

가장 쉬운 일은 '누워서 떡 먹기'라고 말한다. 그러나 누워서 떡을 먹어본 사람은 생각처럼 쉽지 않다는 것을 알게 된다. 누워서 떡을 먹어본 사람은 알 것이다. 가장 힘든 일이 누워서 떡 먹기인 것을 말이다. TV 프로에서 급하게 떡을 먹다가 기도가 막혀 세상을 떠난 예능인도 있고 보면 이 역시 힘든 것은 말할 나위가 없다.

올림픽이나 아시안게임에서 금메달을 딴 선수들을 보면 자랑스럽다. 국내에서 최고가 되기도 힘든데 세계 최고가 되는 것은 죽기 살기로 연습을 한다고 반드시 된다는 확신도 없는 일이다. 나의 저서 중에 『한 번뿐인 인생 프로만이 살아남는다』를 펴내기 위해 많은 프로들을 만나 보았다. 그렇지만 그들은 우리보다 더 힘든 조건 속에서 출발한 사람들이다. 즉 '죽느냐 사느냐'에서 살기를 선택한 것이다.

'건반 위의 사자'라는 별명을 가진 20세기 최고의 피아니스트 박하우스Wilhelm Backhaus의 집에는 슬픈 모습의 광부 그림이 벽에 걸려 있어 누군가가 물었다.
"선생님, 하필 저런 그림을 걸어 놓으셨습니까?"

"저 그림은 내가 하는 일이 그가 하는 일보다 훨씬 쉽다는 걸 느끼게 해준다네."

85세에 숨을 거두기 직전까지 4천 회 이상 콘서트에 출연했던 박하우스에게 그의 연주가 끝나자 음악 담당기자가 무대 뒤로 와서 물었다.

"선생님, 연주를 하지 않을 때는 주로 무슨 일을 하십니까?"

물끄러미 기자를 쳐다보던 박하우스는 무슨 그런 이상한 질문도 다 있느냐는 표정으로 퉁명스럽게 대답했다.

"연주하지 않을 땐 연습을 하지."

나는 평생 병 때문에 죽음의 문턱을 수없이 들락거렸다. 어려서부터 별의별 병들이 친구 하자고 따라 다니는데 너무 힘들어 나도 모르게 '아이고 죽겠다'는 소리가 저절로 나왔다. 이때 어머니가 죽겠다고 하면 더 힘드니 견딜 만하다고 말하라고 했다. 그래서 나는 통증이 올 때마다 견딜 만하다고 했는데 정말 통증도 줄어들고 견딜 만하게 되었다. 요즘도 힘들면 견딜 만하구나 하고 말한다.

'죽겠구나' 하고 말을 하면 더 이상 방법이 없지만, 견딜 만하다고 말하면 새로운 방법이 섬광처럼 떠오르는 것이다.

시간과 정열의 투자를 사람에게

"사람이 돈이다."

스타 강사의 강사료는 인기 연예인 못지않아 부러움을 산다. 신문 방송에 종종 나오고 그가 아니면 소화할 수 없는 주제를 가지고 있다면 스타 강사 축에 속하는데 최하 직장인의 한 달 월급을 1회 강사료로 받게 되고 코스에 따라 헬기가 배정되기도 한다.

그러나 아무리 실력이 있는 강사라도 수강생 중에 조는 사람들이 많으면 다음에는 다시 모시지 않는다. 즐겁게 웃는 사람이 많아야 통과된다. 음식은 맛있어야 사람이 몰리고 강의는 재미있어야 명강사 축에 드는데 강의나 강연 그리고 설교의 가장 큰 적은 조는 사람과 떠드는 사람이다. 즐겁고 신나고 유익하면 졸음이 올 리가 없다.

은행에서는 돈 벌어주는 사람이 지점장이다. 같은 회사라도 지점끼리 치열한 경쟁을 하고 경쟁사와도 경쟁이 아닌 전쟁을 치러야 하기 때문에 프로가 아니면 살아남지 못한다. 오윤택 교수는 농협 가람지점장으로 은퇴할 때까지 35년 금융기관에서 잔뼈가 굵었는데 지금은 〈오윤택의 부자 되는 법〉 강의로 최고 명강사가 되었다. 그가 새로운 상품을 소개하여 부자를 만들어준 사람도 한둘이 아니다. 그는 단상에 올라가면 먼저 자기를 소개한다.

"여러분의 미래를 윤택하게 해줄 남자 오, 윤, 택입니다."

수익률이 높은 상품이 나왔을 때는 '오병이어의 남자 오윤택'으로 바꾼다. 사람들은 집으로 돌아가면 대부분 강사 이름을 잊어버린다. 그러나 그는 오윤택이라는 이름 소개로 단번에 자신을 기억하게 만든다. 실제로 그를 통해 미래가 윤택해진 사람이 한둘이 아니며 지금도 많은 사람들이 그를 통해 부자의 꿈을 이루고 있다. 일례로 돈 버는 비결을 알려줄 때 강의장에 숨소리조차 들리지 않는 것은 사람들이 그만큼 몰입하기 때문이다.

"우리가 살아가는 데 경제적으로 여유롭지 못하면 꿈은 사라지게 마련입니다. 가난은 죄가 아니라지만 형벌보다 더 무서운 것이어서 개인이나 조직이나 국가도 부강해지는 것이 첫째입니다."

오윤택 교수가 강조하는 말이다. 정작 그는 중학교는 부모덕으로 다녔지만 그다음부터 막막했다. 결국 고등학교, 대학교, 대학원은 독학을 해야 했다. 돈 벌랴, 공부하랴, 친구 사귀랴 몸이 열 개라도 부족해 남들처럼 로맨스 한 번 만들지 못하고 공부하다 보니 그 덕에 돈 버는 전문가가 되었고 좋은 성적으로 졸업할 수 있었다.

"사람이 돈입니다. 사람을 위하면 돈은 저절로 들어옵니다. 대기업에서 장학금을 대주는 것도 알고 보면 좋은 투자입니다. 세계에서 가장 돈이 많은 빌 게이츠는 무제한으로 사람에게 투자하지만 돈이 커가는 속도를 따르지 못하지요."

좋은 친구가 최상의 자산인데 그는 좋은 친구가 많다. 로터리 클럽, 라이온스 클럽, 데일카네기코스 등의 모임에서 그가 리더로 활약하는 것도 좋은 친구가 많다는 증거다.

매년 수많은 교회가 임대료를 못 내 문을 닫는데 출석자가 30명 미만인 교회가 8천여 개가 넘는다. 그렇다고 목사가 무능하거나 무자격자인 것도 아니다. 다만 사람을 끌어들이는 능력에 문제가 있는 것이다. 즐겁고 신나는 교회를 만들면 사람은 저절로 몰려온다. 사람의 기본적인 욕구는 즐거움을 추구하는 것이어서 유익하고 재미있는데 피할 리가 없는 것이다.

그러나 그의 활동은 여기서 끝나지 않는다. 대부분의 강사들은 자기가 맡은 강의를 하고 돌아가면 끝이지만 수강생을 향한 그의 도움은 끝나지 않는다. 소중한 인연을 소중하게 간직하기 위해 끊임없이 연락을 주고받으며 협력을 하는 것이다. 상황에 따라 자신을 멋지게 소개하는 오 교수의 흥하는 말씨도 중요하지만 사람에게 시간과 정열을 투자하는 그의 태도가 믿음을 주는 이유다.

기도로 그리는 그림

이 태조가 무인이었던 시절의 이야기다. 깊은 산속에서 사냥을 하다가 날이 저물어 외딴집에서 잠을 자는데 갑자기 배가 아프기 시작했다. 그는 활을 멘 채 밖으로 나가 일을 보았다. 그런데 바로 앞에서 호랑이가 금방 달려들 것처럼 보이자 번개처럼 활을 쏘았다. 호랑이는 그 자리에 쓰러졌다.

다음 날 새벽에 호랑이 가죽을 벗기려고 나가 보니 그것은 호랑이가 아니라 호랑이처럼 생긴 바위였는데 화살이 깊숙이 박혀 있었다. 집중력이 기적을 만든 것이다. 학업성적이 우수한 사람도 알고 보면 노력도 있었겠지만 무엇보다 강한 집중력의 영향 때문이다.

너나없이 급하면 기도를 한다. 하나님, 부처님, 마호메트님으로 시작하여 조상님까지 떠오르는 대로 불러가며 위기를 벗어나게 해 달라지만 이렇게 하면 될 것도 안 된다. 얼음 덩어리를 깨뜨리는 것은 망치가 아니라 바늘이다. 이뤄지는 기도도 바로 한군데 정신을 모으는 집중력에 있는 것이다.

예술가들에게도 집중력은 중요하다. 화가나 서예가도 작품을 할 때의 집중력은 놀라울 정도다. 우리나라 사람 중에 솔거의 얘기를 모르는 사람은 없다. 그러나 그림을 잘 그렸다고 새가 날아들지는 않는다. 작가 자신의 심성과 작품성이 함께 어우러져 위대한 예술품으로 탄생되는 것이다.

작가에게서 나오는 파동이 작품에 들어가게 마련이어서 기분이 좋을 때 만든 작품과 좋지 않은 기분으로 만든 작품에서 나오는 파동은 극과 극이다. 작품에 파동이 들어갔다면 틀림없이 나오게 되어 그것을 소장한 가정과 그 가정에 살고 있는 사람에게 영향을 준다.

그림이나 서예 작품도 느낌이 좋지 않다면 작품 자체에 문제가 있다. 명필인 한 서예가는 다섯 개 신문에 제자題字를 써주었을 정도로 유명한데 공교롭게도 신문사가 모두 일 년을 버티지 못하고 문을 닫아 언론계에서는 소문이 났다. 그 후 밝혀진 바에 따르면 사생활이 좋지 않을 뿐만 아니라 많은 사람에게 피해를 주었는데 심한 알코올 중독으로 술을 마시지 않으면 손이 떨려 붓을 잡을 수도 없다는 것이다. 매국노 이완용도 명필로 꼽히지만 아무도 이완

용의 글씨를 찾는 사람이 없다는 말이 떠돈다. 소장했던 사람들 대부분이 화를 입어 그것을 팔려고 인사동에 가지고 나가도 사겠다는 사람이 하나도 없다고 한다. 그 사람의 작품은 바로 그 사람 자체인 것이다.

서양화가 안다빈 화백의 그림을 소장하려면 보통 일 년 전에 주문을 한다. 그의 작품을 소장한 사람에게는 놀라운 변화가 나타난다고 소문이 자자하다. 사업이나 가정문제로 어려움을 겪는 사람들 사이에 입에서 입으로 전해져 국내외에서 주문이 쇄도하는 것을 보면, 작품이란 손재주로 만들어지는 것이 아니라 그 사람의 영혼이 들어가서 만들어지는 것이다.

"붓으로 캔버스에 터치를 할 때마다 소망성취감사발원所望成就感謝發願이란 말을 반복하는데 작품이 끝날 때까지 몇만 번에서 몇십만 번은 하게 됩니다. 나는 붓을 잡고 있지만 붓을 움직이는 실체는 내가 아니라 보이지 않는 힘입니다."

장례식은 축제다

세상에 태어나면 부자나 가난한 사람이나 똑같이 큰 행사를 두 번 치르는데 결혼식과 장례식이다. 결혼식은 인생 학교의 입학식이고, 장례식은 졸업식이 되는 것이다. 입학이나 졸업은 똑같이 중요한 행사이지만 결혼식은 기쁨이 넘치고 장례식은 슬픔이 넘친다. 우리가 초등학교와 중학교를 마칠 때만 해도 졸업식 노래를 부르며 눈물의 바다를 이루었지만 요즘은 눈물은커녕 축제가 되어 갖가지 해프닝이 벌어진다. 앞으로 장례식도 그렇게 변하지 않을까 하는 생각이 든다.

전에는 장례식이 끝날 때까지 곡소리가 그치면 안 된다고 해서 발인할 때까지 곡을 했다. 상주가 여러 형제일 경우 교대로 상주

역할을 하지만 상주가 늙고 혼자인 경우 극심한 과로로 줄초상으로까지 이어지는 경우도 있었다. 다큐 영화를 보니 우리와 비슷한 풍습의 나라도 있다. 돈 있는 집 상주들은 자기는 편하게 있고 사람을 사서 울게 하는데 잘 우는 사람은 뽑혀 다니며 울음으로 식장을 빛낸다(?). 그들을 대곡녀代哭女라고 부른다.

이십여 년 전만 해도 전화가 없는 집이 많아 상을 당하면 부고를 보내도 배달 사정이 여의치 않아 장례를 치른 다음 배달되는 것이 보통이었다. 반대로 요즘은 핸드폰이란 편리한 기기가 있어 병원 이름과 영안실 호수와 발인날짜까지 찍어 전송하다 보니 문상객도 자기 스케줄에 맞춰 참석한다.

결혼식은 미리 날자가 정해지기 때문에 청첩장을 보내도 시간이 충분하다. 그러나 세상을 떠나는 일은 미리 정해 놓는 것이 아니어서 연락에 어려움이 많았지만 이제는 핸드폰이 효자 노릇을 한다. 핸드폰도 자꾸 발전하다 보니 빨래 방망이만 하던 것이 손바닥 안에 들어올 정도다. '따르릉' 하고 울렸던 벨소리도 요즘은 자신이 원하는 음악을 마음대로 저장하여 사용한다.

얼마 전 어느 영안실에서 있었던 일이다. 상주가 점잖은 손님을 맞아 인사를 하는데 갑자기 상주의 주머니에서 '얼씨구 절씨구 차차차'라는 벨소리가 울려 나왔다. 당황한 상주는 재빨리 전화를 받았지만 여기저기서 폭소가 터졌다. 상주도 무안한 표정으로 웃음을 터뜨리고 말았다. 이쯤 되면 장례식도 축제다. 부조 봉투에 '축 사망'이라고 쓰는 사람도 있다. '축 결혼'이니 '축 사망'도 맞는다고 생각했는지도 모른다.

축제에는 꽃이 장식된다. 결혼식이나 장례식이나 모두 꽃을 사용하기는 마찬가지지만 결혼식에 사용한 꽃은 오래 가는데 장례식의 꽃은 이상하게도 얼마 안 가서 시들어버린다. 대부분 이런 경험을 하게 되는데 예식장과 장례식장의 차이는 이곳에 가득 차 있는 파동과 파장으로 설명될 수 있다. 결혼식에서는 축하의 언어를 사용하다 보니 꽃들도 싱싱해지지만 장례식장에서는 애도의 언어를 사용하기 때문에 파동의 영향을 받아 시들어버리는 것이다.

이화여대 총장을 지낸 김활란 박사는 자신이 죽은 다음 절대로 울지 말고 밝고 신나는 음악을 틀어달라고 유언을 했다. 자신은 인생대학을 잘 마치고 좋은 데로 간다는 확신을 가지고 있었기 때문이다. 김 총장의 장례는 축제가 되었던 것이다.

연극 〈오구〉는 강부자 씨가 주연을 맡아 22년 동안 장기 공연을 했다. 장례식을 축제로 그린 작품으로 많은 사람들에게 웃음과 공감을 불러일으켰다. 죽어서 갈 곳이 없다면 그것은 비극이지만 영원히 살 곳으로 간다면 엄청난 축복이 된다.

성공하는 사람의
언어습관

얼마 전 회사에서 해고된 한 사원이 회사를 대상으로 소송을 제기했던 일이 매스컴을 떠들썩하게 했다.

"나는 그동안 말없이 충실히 일만 해왔는데 아무 잘못도 없는 나를 상을 주지는 못할망정 단물만 빼먹고 해고한다는 것은 말도 안 됩니다."

그러나 회사 측의 얘기는 다르다. 항상 투덜거리고 남을 비방하여 더 이상 근무시키면 회사 분위기를 망치게 되어 여러 번 지적을 했는데, 도저히 고쳐지지 않아 사표를 받게 되었다는 것이다. 대부분 똑똑하다고 꼽히던 사람이 탈락된다. 한결같이 불평불만이 많고 말이 많으며 아랫사람을 거느리고 다니면서 편 가르기에 앞장섰던 사람들이다.

조직은 혼자 있는 곳이 아니어서 상대를 인정하는 것으로 시작이 된다. 상대를 인정하지 않으면 상대도 나를 인정하지 않는 것이 세상 이치다. 내가 잘났다고 해서 잘난 것이 아니라 남이 인정해야 비로소 잘난 것이 되는데 자기만 최고라고 생각하는 사람은 그것을 모른다.

지금은 베지밀을 모르는 사람이 없다. 소아과 전문의 정재원 박사가 우리나라에서는 처음 개발한 것으로 알고 있다. 우유는 해로우니 콩으로 만든 베지밀을 먹으라고 대대적으로 광고를 했지만 먹혀들지 않아 회사가 도산위기에 몰리자 판매 전략을 바꿨다. '베지밀 반, 우유 반'을 먹으라는 광고를 했고 이때부터 베지밀에 대한 이미지가 좋아져 이제는 베지밀을 모르는 사람이 없게 되었다. 삼육 두유를 비롯하여 여기저기서 많은 두유가 쏟아져 나오게 된 것이다.

우유 회사 중에는 파스퇴르 우유가 고가 정책을 펼쳐 활기를 띠면서 돈을 벌어 민족사관고를 설립했다. 그런데 어느 날 파스퇴르 회장이 방송에 출연하여 다른 우유는 고름우유라고 비방을 하자 우유 시장이 침체기를 맞고 말았다. 파스퇴르 우유 역시 슬럼프에 빠져 오랫동안 고생을 했다. 이 역시 남을 인정하지 않으면 좋고 나쁘고를 떠나 자신에게도 엄청난 피해가 돌아온다는 것을 보여준 것이다.

서울 명동에 제화점이 나란히 세 개가 있는데 보통 한 가게에서 하루 100켤레를 팔았다. 그러던 어느 날 가운데 있는 구두 가게가 빚을 지고 문을 닫자 옆 가게는 신바람이 났다. 적어도 하루에 150켤레는 팔릴 거라고 생각했기 때문이다. 그런데 그때부터 하루에 잘 팔면 50켤레 아니면 그보다 더 저조하게 판매되자 두 가게가 상의하여 가운데 가게를 살리기로 했다. 그때부터 다시 100켤레가 팔리게 되었다고 한다.

이 원리를 가장 잘 아는 사람들은 식당 경영주들이다. 밥장수를 하다 보면 밥이 모자랄 수가 있다. 그러면 옆 가게에 가서 밥을 빌려 오는데 이것이 오랜 관행이 되었다.

나의 오랜 동창 중에 은행원으로 출발하여 행장이 된 친구가 있다. 그는 누구를 만나건 인사말이 "뭘 도와줄까?"이다. 도움을 받지 않아도 이 친구를 생각하면 가슴이 뿌듯하다. 크게 된 사람의 말 습관은 확실히 다르게 마련이다.

역할이 변하면
운명도 변한다

"지구는 무대, 그 속에 사는 사람은 배우."

이 셰익스피어의 말처럼 사람들은 각자의 역할을 해나간다. 너나없이 하루 5만 마디가 넘는 엄청난 분량의 대사를 생각이나 연습도 없이 입에서 나오는대로 쏟아내다 보면 명연기는 어디로 가고 별 볼일 없는 삶으로 전락한다.

자기 인생의 주인이 바로 자신이라는 것을 알면 스스로 제작, 감독, 주연을 하면서 행복한 삶을 이끌어갈 것이다. 나에게 주어진 인생을 잘 살 수도 있고, 스스로 만든 인생 배역을 살아갈 수도 있다.

모두가 선망하는 연예인들도 인기에 비례하여 그에 따른 스트레스가 엄청나다. 겉으로는 화려하지만 견딜 수 없을 정도의 스트레스에서 벗어나려고 신앙의 길에 접어들어 인생 배역을 180도 전환한 사람도 상당수에 달한다.

탤런트 홍성우 씨는 경제적으로 매우 힘들어도 아무 역할이나 맡지를 않았다. 자기가 맡아서 하는 역할이 자기 인생에 가장 큰 영향을 미친다는 것을 알고 있었기 때문이다. 그는 자기 집 응접실에 커다란 태극기를 걸어 놓고 아침마다 국기에 대한 경례를 하고 가족과 함께 애국가를 부르며 애국심을 일깨웠다. 방송에서도 의리파 정치인 역할만 고집하던 그는 여러 차례 국회의원에 당선되어 맡은 역할이 어떤 영향을 미치는가를 직접 보여주었다.

그런가 하면 개그 콘서트에서 주로 범인 역할을 했던 한 젊은이가 있었다. 누구나 범인 역할이 즐거워서 하는 것은 아니다. 배역이 주어지니까 하는 것이다. 그는 감초 역할을 단단히 했는데 자동차 판매소에서 벤츠 승용차를 훔쳐 타고 다니다가 붙잡혔다. 그 후 몇 달이 지나 똑같은 일이 또 반복되자 구속되었다. 본인 자신도 왜 그랬는지 모르겠다고 말하는데 배역에 따른 파장이 작용하는 것은 아니었을까?

개그맨 최양락 씨는 꾸준히 탄탄대로를 걷고 있다. 살다 보면 자신의 실수나 잘못 없이 어려움을 겪는 경우가 있다. 새마을 모자를 쓴 최 이장은 시련과 역경 속에서도 "괜찮아유"를 연발했다. 괜찮다고 말하니 괜찮게 된 것이다.

  인생에도 많은 역할과 배역이 있다. 가정에서는 남편과 아내 그리고 부모 자식의 역할이 있고 밖으로 직장인의 배역도 있다. 나는 과연 이 배역을 어떻게 소화시키고 있는가를 생각해 보자. 인간은 연약한 갈대와 같지만 생각히는 갈대여서 내면으로 성숙한 명연기를 보여줘야 한다.

지혜로운 사람과 어리석은 사람의 말 습관

상대방이 무슨 얘기를 하면 처음 듣는 것처럼 눈을 동그랗게 뜨고 "아, 그렇군요" 하고 말하는 사람은 누구나 내 사람 만드는 재능이 있는 것이다. 사람은 누구나 자기를 알아주기를 바란다. 나의 말에 감동하는 사람에게 호감을 갖게 되는 것이다.

그뿐이 아니다. 감동하는 것만으로도 상대방의 이야기 내용을 이해하고 파악하는 정도가 다르다. 감동을 잘하는 사람은 이해력과 기억력도 좋으며 독창적이고 참신한 아이디어도 많다. 감동은 뇌의 주요 활성 요인이기 때문이다. 우리의 재능 중에 으뜸을 꼽으라면 '감동' 재능이다.

누가 무슨 얘기를 해도 표정도 없고 웃음도 눈물도 없는 사람은 마음이 돌처럼 굳어 있어 그 어떤 일에도 감동을 모른다. 감동해야 할 때 감동을 못하는 것이 불감증이다. 불감증에 걸려 있으면 고마움도 기쁨도 즐거움도 없다. 고작 부른다는 노래가 '한 많은 이 세상 야속한 님아……'가 아니면 '……한 많은 미아리 고개' 정도다.

누가 무슨 얘기를 하면 끝까지 들으려고 하지 않고 "그 얘기는 골백번 들었어요" 하며 일축해버리는 경우도 있다. 누가 유머러스한 이야기를 들려주면 모두들 웃는데 이런 사람은 유독 "썰렁해, 썰렁해" 하며 초를 친다. 좋은 사람과 어울려 웃을 때 같이 웃고, 울어야 할 때 함께 울고, 감동을 나누며 살아가는 것이 인생인데 이런 사람은 안타깝게도 인생을 제대로 음미하며 살지 못하는 것이다.

어떤 단어를 사용하느냐에 따라 심리적인 변화와 생리적 변화가 다르게 되는 것이다. 맞장구를 쳐주는 사람은 대화에 활력을 심어주는 호감의 사람이지만, 계속 따지듯 토를 다는 사람은 상대를 피곤하게 만드는 비호감의 사람이다.

판소리의 흥은 소리꾼에게만 달려 있는 것이 아니다. 관객들이 '얼씨구', '좋다', '그렇지', '으이' 같은 감탄사를 나타내어 소리꾼이 더 좋은 소리를 할 수 있게 하는 것이 추임새다. 추임새는 성숙한 사람, 애정을 가지고 있는 사람의 행동이지만 세상에는 성숙한 사람만 있는 것은 아니다. 신문 방송을 보아도 칭찬은 보기 힘들고 비난만 무성하다. 특히 인터넷 댓글은 남을 헐뜯고 끌어내리는 말로 꽉 차 있다. 별생각 없이 하다 보니 습관이 되어 있는 것이다. 한 줄의 칭찬과 격려의 글을 쓰는 사람인가, 헐뜯고 상처를 주는 악플만을 주로 쓰는 사람인가에 따라 세상 살아가는 능력에 커다란 차이가 있다.

지혜가 있는 사람은 부족한 사람이 가지고 있는 장점에 감동하지만 어리석은 사람은 나보다 훌륭한 사람이 가지고 있는 약점을 찾아내 올림픽 금메달을 딴 것처럼 흥분하게 된다.

첫인상이 좋으면 끝까지 좋다

첫사랑보다 더 중요한 것은 첫인상이다. 첫인상은 3초 안에 결정되며 지속적으로 영향력을 행사하게 된다. 첫인상을 좋게 느끼면 계속하여 긍정적인 역할을 하지만 나쁜 첫인상을 줄 경우에는 아무리 새로운 모습을 보여줘도 계속해서 부쪽 쪽으로 연관시켜서 생각하게 된다. 군대에 가서 처음 찍히면 제대할 때까지 힘든 것과 같은 이치다. 드라마만 연출하는 것이 아니라 첫인상도 연출해야 한다.

이름을 불러줘라

〈이름을 불러주세요〉라는 노래가 있다. 이름은 부르라고 있는 것이다. 대화할 때 그의 이름을 적극적으로 사용하면 더욱 친밀감을 느낄 수 있게 되고 친화력이 배로 늘어난다. 처음의 말버릇이 평생을 간다. 그런데 남편에게 '오빠'라고 부르는 경우를 흔히 보는데 바람직한 호칭이 아니다. 요즘 '여보, 당신'의 호칭도 쇠퇴되어 가고 있다. 이름을 그냥 부르면 존경심이 없어진다. 'ㅇㅇ님'이라고 깍듯하게 부르자.

첫 말처럼 중요한 것도 없다

아무리 기억력이 나쁜 사람도 처음 만날 때의 기억은 평생을 간다. 긍정적인 언어를 사용하는가 아닌가가 첫인상을 좌우하는 것이다. 언어가 사람의 생각과 감정을 움직이는 데 중요한 역할을 하기 때문에 반드시 긍정적인 메시지로 시작해야 한다. 나도 모르게 단점을 지적하는 경우 어떤 의도였던 간에 지적받은 상대는 별로 유쾌할 수 없다. 처음 만남에서 "시간을 내주셔서 감사합니다", "첫인상이 참 좋으시군요" 등 상대를 기분 좋게 할 수 있는 말은 얼마든지 있다.

미소로 무장하라

'소' 중에서 가장 값이 나가는 소는 '미소'다. 옛날보다 표정들이 많이 밝아졌지만 아직도 멀었다. 표정은 하루이틀에 변하는 것이 아니기 때문이다. 매일 아침과 저녁에 거울을 보고 웃음을 지어보자. 서서히 이미지가 달라지게 된다.

여유 있는 표정을 만들어라

낯선 상황에 접했을 때 긴장할 수 있지만 기죽을 필요는 없다. 마음이 급하면 얼굴에 나타난다. 이럴 때일수록 여유 있는 표정을 만들어보자. 자신 있는 표정과 당당한 목소리가 신뢰를 만든다.

상대에게 완전히 빠져들어라

첫 만남의 중요성을 깨닫지 못하면 늘 하던 대로 대하고 특별히 신경을 쓰지 않는다. 상대에게 완전히 몰입하고 경청하는 것이 필요하다. 관심 어린 시선을 통해 감정교류를 해야 한다. 입맞춤보다 눈맞춤이 강력한 에너지를 발생한다.

나직하게 말하라

어조를 높이거나 언성이 커지면 아무래도 품위가 떨어지고 저속해 보인다. 외국에서 오래 있다 온 사람들은 나직하게 말하는데 익숙해져서 우리나라 연속극만 봐도 쉽게 지친다. 큰 소리보다 조용한 소리가 설득력이 열 배 이상 높다. '베개 밑 송사'라는 속담도 있지 않은가.

맞장구를 쳐줘라

맞장구는 상대방을 인정하는 표현이다. 판소리 공연을 할 때 곁에서 '얼쑤' 하며 추임새를 넣는다. 그러면 분위기가 훨씬 고조된다. 상대방의 얘기를 귀로만 듣지 말고 몸으로 말로 반응하자. 상대방의 말에 "맞습니다", "그렇습니다" 하고 반응을 보이면 내가 월등히 돋보이는 것이다.

용어의 선택에 신경을 써라

말을 한번 잘못하면 본전도 못 찾는다. 부정적인 용어를 사용하면 나를 부정적인 인간으로 각인시키게 된다. '아~' 해서 다르고, '어~' 해서 다르다. 예식장에서 초상집 얘기를 하는 사람도 있다. 적재적소에 맞는 말을 사용하라.

많이 듣고 조금만 말하라

귀 둘, 눈 둘, 입이 하나인 것은 많이 보고 많이 듣고 조금 말하라는 뜻이다. 그래서 '1. 2. 3 화법'이 생겨났다. 일 분 이내로 말하고, 이 분 이상 들어주고, 그러는 사이에 세 번 이상 맞장구를 쳐주라는 얘기다.

칭찬을 많이 하라

상대방을 직접 칭찬할 수도 있고 상대방의 고향이나 출신학교, 가족, 친구 또는 취미도 칭찬의 소재가 된다. 작은 칭찬이 고래도 춤추게 한다. 칭찬은 언어의 명품이고 보석이다.

예절바른 사람이 되라

매너처럼 중요한 것도 없다. 인간이 동물과 다른 것은 매너를 지킬 줄 알기 때문이다. 상대방을 높이면 나도 함께 올라가게 된다.

날개를 펼쳐라

옷을 한번 잘못 입으면 날개 없는 천사가 된다. 깨끗하게 다림질된 정장을 입어야 단정해 보인다. 상대가 좋아할 만한 외모를 계획적으로 만드는 것은 무엇보다 필요하다. 각설이처럼 찢어진 청바지는 걸치지 말라.

냄새에 신경을 써라

누구나 자기 나름의 체취가 있다. 나쁜 냄새는 없는지 신경 써야 한다. 향수라고 무조건 좋은 것은 아니다. 강한 향이 체취와 혼합되면 오히려 역한 반응을 느끼게 된다. 은은한 향이 무난하다.

말에도 훈련이 필요하다

방송에 나와서 말할 때 자기에게 존칭을 쓰는 경우가 종종 있다. 시험 점수에만 신경을 쓰다 보니 언어훈련이 되어 있지 않기 때문이다. 작가들은 글을 쓸 때 열 번, 스무 번도 더 고친다. 글이야 고치면 되지만 한번 입에서 나온 말은 고칠 수가 없다. 그래서 말 때문에 곤욕을 치르는 경우가 많이 생겨난다.

자신 있게 말하면
자신감이 생긴다

하는 일마다 잘 풀리는 사람이 있는가 하면 자꾸 막히는 사람도 있는데, 잘되는 사람은 점점 더 잘되고 안 되는 사람은 계속해서 막히는 것이다. 하루는 젊고 아름다운 여인이 찾아 왔다.

"우리 남편은 새벽에 나가 밤늦게 들어오기를 10년이나 했는데도 지금껏 되는 일이 없어요. 된다, 된다 하면서도……."

부부는 하루도 잠잠한 적이 없었다. 애들 앞에서 '죽여라 살려라'는 보통이고 차라리 헤어지자는 소리를 밥을 먹듯 했다. 기氣와 운運은 언제나 함께 다니는 것이어서 기가 살면 운도 살고, 기가 죽으면 운도 죽는다.

외환위기 때 기업체에서 '남편 기 살리기' 캠페인을 벌였던 기억이 아직도 새롭다. 뭔가 안 풀리는 사람은 너나없이 소극적인 사람이어서 자신 있게 말을 못 한다. 그러나 자신 있게 말하면 의식의 변화가 나타나고 어려운 일들이 풀리기 시작한다.

그중에 하나는 큰 소리로 '나는 할 수 있다'를 외치게 하는 것이다. 아침부터 저녁까지 큰 소리로 반복하는 교육을 시키는데 나중에는 목이 쉬어 말이 안 나오지만 마음속에는 '하면 된다'가 찍히는 것이다. 교관들이 더 큰 자신감을 갖게 하기 위해 큰 소리로 외쳐도 점수를 주지 않고 "다시……" 하게 하다 보니 목은 쉬고 배는 고파 눈물을 흘리는 사람도 있지만 이렇게 하는 동안 어느새 적극적인 사람이 되어 있는 것이다.

그 무렵 S전자에서는 영업사원들을 서울역 광장으로 데리고 가오고 가는 사람들을 대상으로 "나는 할 수 있다"를 외치게 했는데 소심한 사람들은 기어 들어가는 소리가 나올 수밖에 없었다. 교관들은 만족한 크기의 소리가 나올 때까지 반복시키는데 교관의 "됐습니다"라는 소리를 들은 사람은 눈빛이 달라지고 행동이 달라졌다.

부부문제나 사회의 문제도 결국 자신감이 있느냐 없느냐로 승부가 결정된다. 소심한 사람도 자기 속에 잠자고 있는 거인을 깨우면 대범해지고 자신감이 넘쳐 무슨 일이든지 해내게 된다.

자신이 없다고 병든 닭처럼 앉아 있지 말고 자신감 회복 프로그램에 참가하는 것도 필요하다. 우리가 사용하고 있는 성공 능력은 고작 7퍼센트이다. 93퍼센트가 자신 속에 잠자고 있는 것이다.

말 한마디 속에
과거, 현재, 미래가 들어 있다

첨단의학이 발달하여 피 한 방울로 수백 가지 질병을 진단하고 미래의 질병까지 예측한다. 피톨 안에 그 많은 정보가 들어 있다는 얘기다. 더구나 줄기세포로 각종 질병을 치료하는 기술에 의하여 앞으로 125세 건강도 큰 어려움이 없게 된다. 앞으로는 병사病死보다는 사고사나 자살이 사망의 주종을 이루지 않을까 하는 생각도 든다. 얼굴에 나타난 정보로 운명을 분석하는 것이 관상이다. 관상의 대가는 중국의 마의麻衣 선생으로 그의 저서『마의 상법麻衣相法』에 이런 말이 씌어 있다.

> 아무리 관상이 좋아도 심상心相만은 못하다. 마음의 상이 변하면 관상도 변한다.

마음이 가난하면 상相도 가난해 보이고 마음이 부자면 상도 부자로 변한다. 운명을 바꾸려면 심상을 변화시키라는 얘기다. 그러나 심상을 만드는 가장 중요한 요인은 자신이 사용하는 말이다. 아무리 외부적인 변화가 생겨나도 사용하는 말을 바꾸지 않으면 소용없는 일이다.

음성분석실을 운영하는 김미현 여사는 한국이 낳은 세계적인 예언가다. 그녀는 사람의 목소리만 듣고도 과거와 현재, 미래까지 정확히 예측한다. 그녀를 만나기 위해 세계의 VIP가 몰려온다. 세계의 정치지도자, 경영자, 종교지도자들도 수시로 자문을 구하다 보니 그들이 제공한 사무실이 각국에 있다.

어린 시절 천재 소리를 듣던 그녀가 사고로 실명을 하게 되자 어머니는 그녀를 위해 세계의 유명한 음성분석학자들을 초청하여 능력을 개발시켜주었는데 그 능력은 스승들도 놀라울 정도가 되었다. 시력을 잃은 대신 다른 능력이 배로 증폭되었기 때문이다.

현재 순천 앞바다가 보이는 넓은 별장에서 예약된 사람들에게 조언을 해준다. 보통 몇 십 년 된 단골들이다.

서울에도 사무실이 있지만 순천의 별장은 맑은 공기와 넓은 바다가 있어 주로 이곳에 정착하며 아름다운 삶을 창조하고 있다. 색소폰 연주자이기도 한 그녀는 드럼에 있어서도 대가에 속하는데 각종 국악기 연주도 둘째가라면 서러워할 정도다.

김 여사의 별장에는 정원에 수백 명을 수용할 만한 공간이 있다. 종종 연주회도 열어 주위 사람과 기쁨을 함께 나눈다. 지난여름, 한강 고수부지에서 색소폰 연주를 할 때 가까이서 본 일이 있는데 더위를 피해 나온 사람들이 몰려들어 감동의 박수를 보내기도 했다.

초겨울이면 수천 포기의 김치를 담가 이웃에게 나눠주는 일도 하고, 정월 초하루 해돋이를 보려고 몰려오는 수천 명의 관광객들에게 떡국을 해먹이며 새해의 복을 빌어준다.

김 여사는 음성분석 예언가지만 어떻게 보면 음악가이고 또 다른 방향에서 보면 사회사업가이다. 우리나라에 이런 위대한 사람이 존재한다는 것만도 우리에게 큰 복이다.

기합소리를 내고 시작하라

누구나 승리자가 되기를 원한다. 그래서 사람들은 좋은 조건을 찾기에 혈안이 되는 것이다. 좋은 배우자, 좋은 직장, 좋은 집을 가지고 있다 해도 자신의 자세가 따르지 못하면 오히려 화가 된다. 좋은 차도 운전 미숙인 사람에게 핸들을 맡기면 사고가 나는 것과 다름이 없다.

올림픽의 금메달은 아름답게 빛나지만 그것을 따기 위한 훈련은 생각처럼 쉬운 것이 아니다. 금메달은 눈물의 대가요, 아픔의 결정인데도 많은 사람들은 금메달만 보고 환호했지 그 뒤에 숨겨져 있는 피나는 고통은 대부분 모르고 지나간다.

대표선수들은 끊임없이 기량을 갈고 닦아 우열을 가리기 힘들다. 어제의 승자가 오늘은 패자가 되기도 해 어느 육상선수가 이런 말을 했다. "산들바람이 등 뒤에서 불어준다면 승리는 쉬워집니다." 결국 산들바람의 힘 정도가 승부를 가름하는 것이다.

운동선수가 힘을 써야 할 때 코치와 함께 "얍!" 하고 기합소리를 낸다. 소리를 내는 순간 파동이 일어나 세포 구석구석에 힘이 작용하는 것이다. 2002년 월드컵 때 "대~한민국"을 외치는 붉은 악마 소리에 우리 선수는 힘이 생기고 상대선수는 공포를 느꼈다는 것도 파동의 힘이다.

역도의 장미란 선수의 기합소리를 들으면 듣는 사람도 힘이 용솟음친다. 그 소리에서 얼마나 강한 파동이 전달되는가는 TV 중계를 보는 사람들도 느낀다. 소리에 민감한 사람은 기합소리만 듣고 승부를 점치는데 거의 100퍼센트의 적중률을 보인다.

악조건을 물리치고 승리를 쟁취한 사람 중에 명성학원 이덕희 이사장을 모두 기적의 사나이라고 부른다. 학원이라고 하면 너나없이 강남을 꼽지만 그는 가능성도 없는 강북 은평초등학교 옆에 낡은 건물 일곱 평을 임대하여 주산학원을 열었는데 다섯 명으로 시작했다. 30년 전의 일이다. 주위의 학원들이 "소꿉장난을 하느냐?"며 손가락질했지만 꿈을 가진 그는 아랑곳하지 않고 묵묵히 소신을 밀고 나갔다. 그러는 동안 비웃던 다른 학원들은 하나, 둘 문을 닫고 지금은 유일하게 명성학원만 승승장구하고 있다.

30년 동안 얼마나 성장했는가를 알면 벌어진 입이 닫히지 않는다. 학생 숫자는 거의 1천 배, 학원 면적도 역시 1천 배로 커졌다. 소문난 선생님이 있다고 하면 강남이건 지방이건 가리지 않고 번개처럼 달려가 그가 원하는 조건을 받아들이고 모셔온다. 외국어고와 과학고의 합격률과 명문대학 합격률도 매년 최고를 양보한 일이 없다.

명성학원 앞을 지나가본 사람들은 이 학원의 신전神殿 상징 때문에 절대로 잊지 못하는데 이덕희 이사장의 얘기를 들어 보자.
"우리는 우수 강사를 매년 해외여행 겸 연수를 시키는데 희랍신전 앞에서 사진을 찍는 순간 신전에 〈명성학원〉 간판이 걸려 있는 것을 보았습니다. 눈을 뜨고 꿈을 꾼 겁니다. 그 후 학원 건물을 지을 때 신전의 대리석 돌기둥을 상징으로 만들었지요."

외국에서도 명성학원의 성공비법을 전수받으려고 찾아온다. 교육에 관해서만큼은 한국 최고가 세계 최고라고 자타가 인정하기 때문이다. 그는 레슬링 국가대표 선수 시절 먹을 것이 없어 물로 배를 채우고 훈련하면서도 하루 수백 번 "얍!" 하는 기합소리를 냈는데 그 소리가 마치 사자가 포효하는 소리처럼 들렸다고 한다. 그 에너지가 지금의 그를 만든 것이다.

"금메달은 알아도 은메달은 기억하지 못하는 것이 세상입니다. 능력 차이로 승부가 결정되지 않습니다. 자신감과 집중력이 승부를 결정합니다. 내가 힘들면 상대방도 힘들지요. 요즘 100만 명의 자살 준비자(?)가 죽을 기회를 엿보고 있는 현실이지만 이럴 때일수록 올림픽 선수처럼 기합소리를 내고 시작해 보세요. 역사가 달라집니다."

공부는 오락이다

여러 해 전 여름 방학 때 있었던 일이다. S그룹 교육담당자가 고3 학생 문제를 상의하겠다고 찾아왔다. 신입사원 시절 그는 내게 교육을 받았고 내가 쓴 저서는 대부분 읽어 서로 친분이 있었는데 주례까지 서게 된 인연이 있는 젊은이다.

"선배님의 아들이 K고 3학년인데 같은 반 친구 열 명이 합숙하며 수능 준비를 하고 있습니다. 제가 선생님의 저서 『놀면서 대학 가기』를 사서 읽혔는데 매일 아침 선생님 교육을 받고 공부하는 것이 좋겠다고 해서 부탁드리려고 찾아왔습니다."

강남의 큰 저택 지하 1층에서 자기들끼리 모여 스스로 학생도 되고 스승 역할도 하며 워크샵 형태로 공부를 하는데 모두 서울대를 목표로 하고 있었다. 학생들을 맡기로 하고 그날은 일대일로 면담하며 문제점을 해소하는 프로그램을 진행했다.

"이제부터 공부를 하지 말라. 공부는 게임이다. 맘껏 즐겨라."

그날로 한쪽 벽면을 거울로 가득 채우고 거울을 보며 아침, 점심, 저녁으로 "신난다. 나는 위대하다. 나는 내가 좋다. 즐겁다 하하하"를 큰 소리로 외치게 했다. 그러는 사이에 사진을 찍어 다른 벽면에 붙여 놓았는데 사진만으로도 갑자기 방 안이 환해진 느낌이 들었다. 나는 학생들에게 공부하라는 말은 절대로 하지 않고 쉬면서 하라고 강조한다. 그러는 사이에 공부에 대한 스트레스는 줄어들고 이해도와 암기력이 향상되는 것이다.

1. 아침 기상과 동시에 30분간 동네 한 바퀴 돌기
2. 하루 한 번씩 부모님께 감사와 사랑을 표현하는 메일 보내기
3. 식사할 때 음식에 대한 기도하기
4. 공부는 50분을 하고 10분간 휴식
5. TV는 일체 보지 않기
6. 말을 할 때는 웃으면서 하기
7. 쉬는 시간에는 반드시 스트레칭 하기
8. 모차르트 음악 잔잔하게 틀어 놓기
9. 매일 천연 비타민 한 알씩 먹기
10. 자기 전에 일기 쓰기

이 밖에 일요일은 공부를 쉬는 대신 서울대에 가서 사진 찍기, 도봉산에 올라가 "야호!" 소리 내기, 한강 유람선을 타고 박물관 방문 등의 스케줄을 만들어 그대로 하게 했다.

나는 매일 학생들의 발전 사항을 체크하며 면담을 해주었다. 학생들은 하루가 다르게 얼굴이 밝아지고 자신감이 충만해졌고 모두 긍정적인 사람으로 변하며 인생이 변했다. 그리고 모두 수능에서 우수한 점수를 받아 원하는 학교에 입학했고, 지금은 훌륭한 직장인으로 자기 몫을 다하고 있다.

인간은 누구나 위대한 능력을 가지고 있으면서도 일깨우지 못해 결국 낙오자가 된다. 지금은 영화사 〈생각의 힘〉 회장으로 있는 최수돈 씨는 대기업 연수원장 출신으로 꼴찌들을 모아 우등생을 만드는 프로그램을 진행했다. '도저히 불가능하다'고 포기했던 학생들을 모아 꿈과 희망을 일깨워주는 현장을 각 방송에서 앞다투어 소개하기도 했다.

"공부를 못하는 아이는 없습니다. 안 하는 거지요. 어차피 자기는 해보았자 안 된다고 생각하고 자포자기하기 때문입니다. 이런 식으로 자라면 결국 가정과 사회와 국가의 암이 될 수밖에 없지요. 인간은 누구나 무한한 능력을 잠재하고 있습니다. 개도 깨달으면 부처가 된다는데 사람은 말할 나위가 없습니다."

최 회장은 그동안 했던 프로그램 '꼴찌교실의 천재들'을 영화화하기 위해 준비 중이다.

책 한 권의 힘

　훌륭한 스승을 만나면 인생이 달라진다. 옛날에는 스승을 만나려고 주유천하를 했지만 이제는 서점에 가면 수많은 스승이 시공을 초월하여 나를 반긴다. 좋은 스승과의 만남은 천하를 얻은 것보다 더 중요하다.

　너나없이 자기의 잘못도 상대방에게서 원인을 찾으려고 하는데 어렸을 때 어머니의 영향이 큰 탓이다. 아이들이 문지방에 걸려 넘어져 울면 "조심하라"는 말 대신 문지방을 때리는 흉내를 내면서 "이것이 잘못했다"고 하는 것이 우리들의 어머니였다. 이렇게 자라다 보면 모든 잘못은 내가 아닌 외부에서 찾는 습관이 든다. '내가 하면 로맨스, 네가 하면 스캔들'도 한국적인 풍토에서만 자생하는 것이다.

재판정에서 방청을 한 일이 있는데 피고 중에 한 사람도 자기가 잘못했다는 사람이 없자 함께 방청한 외국인은 이해가 안 된다고 고개를 갸웃거렸다.

특히 청소년 범죄는 죄의식이 없이 저지른 범죄이다 보니 사람을 죽이고도 전혀 뉘우침이 없다. 그렇다고 교도소에서 몇 년 있다 나오면 사회에서 받아들이기는커녕 색안경을 쓰고 보기 때문에 적응을 못하고 또 다른 범죄를 저지르게 된다. 이렇게 하다 보면 바늘 도둑이 소도둑이 되고 전과 10범, 20범은 쉽게 된다. 그것도 자랑이라고 별을 몇 개 달았느냐 따위로 감방 안에서 우열을 가린다.

오희창 씨는 여러 교도소장을 역임하면서 교정계에 큰 공을 세운 사람이다. 청소년범은 처벌로 해결될 수 없음을 깨닫고 각자에게 『명심보감』을 나눠줘 공부를 시켜 매주 토요일 장원, 차상, 차하를 뽑고 그 세 명을 석방시키는 운동을 벌였다. 『명심보감』만 제대로 학습해도 인간이 달라진다는 신념을 가지고 있었던 것이다. 편지의 주소도 청소년들의 자존심을 상하지 않게 하기 위해 ○○교도소가 아니라 ○○서당이라고 쓰게 했다. 이렇게 해서 출소한 청소년은 대부분 훌륭한 사회인으로 변신했다.

좋은 음식은 몸의 영양분을 제공하지만 좋은 책은 영혼의 양식이 된다. 그리고 읽고 또 읽어 자기 것이 되었을 때 놀라운 변화가 나타난다. 좋은 책 한 권이 에이브러햄 링컨의 인생만을 변화시킨 것은 아니다. 바로 당신이 들고 있는 책 한 권이 그대 가문에 영광을 안겨줄 수도 있다.

나의 서재에는 안중근 의사가 옥중에서 쓴 휘호가 나를 내려다보고 있다.

'一日不讀書口中生荊棘 하루라도 책을 읽지 않으면 입에 가시가 돋는다'

말의 놀라운 힘 50

선한 말은 밝은 에너지와 합성되고 악한 말은 불운 에너지와 합성된다. 악한 언어를 선한 언어로 바꾸고 인생역전을 한 많은 사람들이 있다. 실패를 성공으로 불운을 행운으로 바꾸는 그 순간 변화한다. 21일간 반복하면 의식이 변하고 운명이 변한다.

01. 말씀 언言변에 이룰 성成이 정성誠이다. 정성스러운 말이 기적의 출발이다.
02. 나라를 위해 기도하라. 나라 안에 모든 것이 들어 있다.
03. 명의의 말에서는 환자를 살리는 파동이 나온다. 의사를 보고 병원을 선택하라.
04. 훌륭한 지도자는 말로 비전을 보여준다. 그 말이 미래를 만드는 청사진이다.
05. 흥하는 가정은 건강한 언어만 사용한다. 집에서 쓰는 말이 가운을 만드는 것이다.
06. 자녀에게 좋은 말을 가르쳐라. 말의 힘이 위대한 자녀로 거듭나게 한다.
07. 현대는 전보다 10배 이상 스트레스 속에 살아간다. 모두가 말의 파동 때문이다.
08. 전자파가 암을 일으킨다. 그러나 말의 파동은 전자파보다 33배나 더 강하다.

09. 천지만물에 사랑의 말을 전하라. 천지만물은 말에 따라 감응한다.

10. 화초에게 사랑의 말을 하면 죽어가던 식물도 살아난다. 식물도 감응하는 것이다.

11. 수돗물을 컵에 담고 "좋은 물" 하고 말하라. 그 자리에서 성분이 변한다.

12. 악담하는 엄마의 젖을 먹고 크면 장애아, 문제아가 된다. 말이 독이 된 것이다.

13. 아내를 기쁘게 하라. 기뻐하며 만드는 음식은 모두가 보약이 된다.

13. 밥상 앞에서 불평하면 불행이 닥친다. 음식은 하늘이 내려준 생명물질이다.

14. 불평은 복 나가는 말이다. 불평을 계속하면 부자도 거지가 된다.

15. "감사합니다"가 생활용어가 되게 하라. 감사할 일만 생겨난다.

16. 유쾌한 말을 사용하라. 나부터 즐거운 인생이 펼쳐진다.

17. 죽는 소리를 하지 말라. 말의 힘은 천하장사보다 더 강하다.

18. 약 대신 말을 처방하여 죽을 병도 살려낸다. 그것이 언어요법이다.

19. 불평 많은 환자와 같은 방을 쓰지 말라. 모두에게 악영향을 미친다.

20. 부정적인 의사를 기피하라. 말의 에너지가 생사를 가름한다.

21. 약속을 번번이 어기는 사람은 하는 일마다 막힌다. 약속은 하늘의 명령이다.

22. 긍정적이고 적극적인 언어를 계속 사용하라. 인생역전이 가능하다.

23. 남에게 말로 상처 주면 내가 먼저 피해를 입는다. 말에는 부메랑 효과

가 있다.

24. 좋은 말로 복덕을 쌓아라. 복덕의 주인공은 대대손손 부귀공명이 따른다.

25. 험담을 많이 하는 사람은 기피인물이다. 좋지 않은 파장과 기류가 발생한다.

26. 남을 칭찬하라. 칭찬은 기쁨과 행복의 강력한 힘이 있다.

27. 불화가 많은 집은 흉가가 된다. 집을 살 때 사전정보가 필요하다.

28. 수시로 기도회를 열어라. 집안에 플러스기가 유입된다.

29. 망한 집은 흉가다. 주인은 바뀌어도 나쁜 기운은 상존한다.

30. 화장실에 들어가면 마음이 편해진다. "시원하다" 소리가 배어 있기 때문이다.

31. 남을 배려하는 말을 사용하라. 좋은 기운이 생겨난다.

32. 훌륭한 부모가 되려면 말 습관을 바꿔라. "널 믿어, 잘한다, 훌륭해."

33. 남에게 도움되는 사람이 되라. 좋은 기운이 평생 함께한다.

34. 연기자는 배역과 같은 운명을 갖게 된다. 배역에는 그에 걸맞은 파동이 생긴다.

35. 소도 도살장에 끌려갈 때는 발버둥친다. 도살장에 죽음의 기가 서려있는 것이다.

36. 흉보는 것을 즐기는 사람에게 흉한 기류가 흐른다. 가까이 말라.

37. 사고 차량이 또 사고를 낸다. 흉한 기류의 영향 때문이다.

38. 평강은 온달에게 장군이라고 불렀다. 부르는 호칭대로 변하게 된다.

39. 편한 사람과 만나라. 편하게 느껴지는 사람은 선한 기류가 흐르는 사람이다.

40. 원망과 원한은 뼈부터 삭게 한다. 한恨의 파동이 신체에 영향을 미친 증거다.

41. 공짜를 좋아 말라. 공짜처럼 비싼 대가를 치르는 것도 드물다.

42. 불평을 입에 달고 살면 재난과 위험한 병이 따른다. 말의 유인력 때문이다.

43. 공치사, 공염불, 공수표를 발행하지 말라. 공씨 3형제는 불운의 동업자다.

44. 저주의 사슬을 끊어라. 그것은 지옥의 사슬보다 더 무섭다.

45. 쌀쌀맞게 말하는 사람은 몸도 냉하다. 말의 온도가 체온에 영향을 미친다.

46. 서글픈 노래를 부르지 말라. 너나없이 불운을 겪는다.

47. 희망찬 노래만 불러라. 고생 끝 행복 시작이다.

48. 훌륭한 스승을 만나면 모두 훌륭해진다. 은혜로운 파장의 영향이다.

49. 사랑이 가득한 부모가 행복한 자녀를 만든다. 행복어에 익숙해진 것이다.

50. 길흉화복은 말이 관장한다. 내가 사용하는 말을 점검하라.

살아 있는
그날까지

사람들은 자기가 잘나서 성공한다고 생각하지만 사실은 모두가 조상의 덕, 부모의 덕, 친구의 덕에 의해 성공의 영광을 얻는다. 훌륭한 부모는 자녀에게 좋은 친구와 사귀고 즐겁게 살아가는 방법을 깨우쳐준다. 나를 격려하고 바르게 살도록 일깨워주는 친구는 좋은 친구다.

어느 날 아남산업의 김향수 회장이 삼성의 이병철 회장을 점심 식사에 초대해 이런 얘기 저런 얘기를 나누던 중 색다른 얘기가 나왔다.

"시대가 많이 변해 반도체가 세상을 이끌어갑니다. 삼성도 반도체에 관심을 가져야 해요."

이병철 회장은 느끼는 바가 있어 다음 날 그룹 임원들을 모아놓고 미래 삼성의 비전을 말했다.

"우리는 앞으로 반도체를 주종으로 이끌어가겠습니다."

이병철 회장이 김향수 회장을 만나지 않았더라면 세계 속의 삼성은 존재할 수 없었을지도 모른다. 좋은 친구는 비전을 말하는데 없어도 좋은 친구는 술잔만 권한다.

삼성생명의 이상운 명인은 50세가 넘도록 사회생활을 해보지 못했다. 그러던 어느 날 친구의 권유로 삼성생명 입사교육을 받게 되었는데 마치 새로운 세계를 여행하는 것 같은 감동을 느꼈다. 모르던 것들을 하나 둘 배우고 깨우치는 즐거움으로 지각 조퇴라곤 없이 복습과 예습을 게을리 하지 않았다. 보험은 상대방이 위기에 처했을 때 효자 노릇을 하는 위대한 상품이라는 것을 알게 되고 배운 대로 활동하다 보니 어렵지 않게 선두를 달리며 상이란 상은 싹쓸이 했다. 그때 작가로 이름을 떨치고 있던 친구가 축하해주며 이런 말을 했다.

"네가 학교 다닐 때도 많은 상을 탔고 보험사에서도 끊임없이 상 타기 바쁜 것을 보고 이유를 찾아보았더니 해답이 나왔어. 너는 원래 상을 탈 운명으로 살아온 거야. '상운'이란 이름은 '상 탈 운명'이라는 뜻이야. 만나는 사람마다 상을 탈 운명이란 말을 하니 상을 안 탈 수가 없지."

그는 어느 겨울 출근하다가 빙판에서 미끄러져 교통사고를 당하는 바람에 다리 골절로 한동안 병상에 누워 지내야 했다. 그러나 좌절하지 않고 면회를 온 친구나 친지들에게 보험을 설명하여 놀라운 실적을 올리자 교육을 맡은 강사들이 이런 말을 했다.

"이상운 명인은 움직이지 못하고 누워 있는 상태로 최고 실적을 올렸는데 여러분은 멀쩡한 두 다리로 걸어 다니며 실적을 올리지 못하니 이해가 안 됩니다."

이상운 명인은 수십 년째 매달 여고 동창모임에 나가 개근을 기록했다. 모두 90세가 다 된 친구들이지만 만나면 10대로 돌아가 기쁨이 샘솟고 한 달에 한 번 만나도 한 달 치 에너지가 충전된다고 한다. 힘이 없어 비실대던 자동차도 충전하면 잘 나가는 것처럼 사람도 에너지가 충만한 사람을 만나면 기쁨이 충전되어 놀라운 힘이 생겨난다.

나이가 들어가니 이상운 명인에게 그만 쉬라는 사람들도 늘어나는 모양이다. 그러나 이것은 덕담이 아니라 악담이다. 세상에서 가장 보람 있고 가치 있는 일이 봉사인데 봉사를 그만하고 죽으라는 말과 다름이 없다. 철학자 김형석 교수가 『100살을 살아보니』라는 저서를 펴내고 아직도 정정하게 강의하는 것을 보면서 모두 반성

해야 한다.

"몇 살까지 강의를 하실 건가요?"라는 질문에 그는 이렇게 답을 했다.

"살아 있는 그날까지."

흥하는 말씨 망하는 말투 1

초판 1쇄 발행 2019년 6월 7일
초판 5쇄 발행 2022년 1월 25일

지은이 이상헌
펴낸이 이수철
주 간 하지순
디자인 권석중
마케팅 안치환
관 리 전수연

펴낸곳 나무옆의자
출판등록 제396-2013-000037호
주소 (10449) 경기도 고양시 일산동구 호수로 358-39 동문타워1차 202호
전화 02) 790-6630 팩스 02) 718-5752
페이스북 www.facebook.com/namubench9

ⓒ 이상헌, 2019

ISBN 979-11-6157-056-3 04320
      979-11-6157-055-6 (세트)

* 이 책의 전부 또는 일부 내용을 재사용하려면
  사전에 저작권자와 도서출판 나무옆의자의 동의를 받아야 합니다.
* 이 도서의 국립중앙도서관 출판예정도서목록(CIP)은 서지정보유통지원시스템
  홈페이지(http://seoji.nl.go.kr)와 국가자료공동목록시스템(http://www.nl.go.kr/kolisnet)에서
  이용하실 수 있습니다. (CIP제어번호 : CIP2019019393)
* 잘못 만들어진 책은 구입하신 곳에서 바꾸어드립니다.